MEMENTO
D'HISTOIRE DE FRANCE

faits et dates
de notre histoire

POUR LES CONCOURS ADMINISTRATIFS

Dans notre collection :

- *Dissertation économique et sociale.*
- *Guide de préparation aux concours administratifs.*
- *Guide de rédaction administrative.*
- *L'analyse de texte aux concours administratifs.*
- *Le résumé de texte aux concours administratifs.*
- *Le commentaire de texte, l'exposé, la conversation avec le jury aux concours administratifs.*
- *Mémento : droit administratif.*
- *Mémento : droit constitutionnel.*
- *La note de synthèse aux concours administratifs.*
- *L'essentiel des connaissances juridiques.*
- *Affronter l'oral — un art et une science.*
- *Rédacteur communal.*
- *La dissertation de culture générale aux concours administratifs.*
- *Préparer — conduire — exploiter les réunions.*
- *Guide du citoyen.*
- *Technique de dissertation de culture générale.*

ISBN : 2-85044-155-4

Odile VIGUIER
Professeur d'histoire
Diplômée de l'Ecole de Louvre

MEMENTO D'HISTOIRE DE FRANCE
faits et dates de notre histoire

Editions ROUDIL
53, rue Saint-Jacques
75005 PARIS

LA GAULE DE 1850 A 375 AV. J.-C.

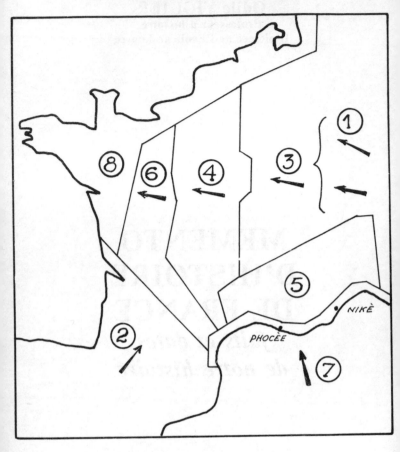

Implantation des peuples envahisseurs

1. 1850 av. J.-C.   Celtes et Ligures.
2. 1500   Ibères.
3. 1200   Celto-Ligures.
4. 1050   Celto-Ligures.
5. 850   Ligures.
6. 850   Celtes.
7. 500   Grecs.
8. 375   Celtes.

LA GAULE AVANT CÉSAR

Peuplement de la Gaule : implantation successive des peuples

Avant J.-C.

1850
Celtes et Ligures originaires d'Europe centrale arrivent en Europe occidentale.

1500
Les Ibères venus d'Espagne traversent les Pyrénées et occupent le Sud-Ouest.

1200 à 1000
Les Celto-ligures pénètrent en Gaule au-delà de la vallée du Rhône.

850
Grandes migrations, les Celtes gagnent le Bassin parisien, s'installent au nord de l'estuaire de la Gironde jusqu'à la pointe orientale des Pyrénées.
Les Ligures se fixent dans le Sud-Est.

600
Les Grecs fondent des colonies (Phocée-Niké) sur la côte méditerranéenne.

500 à 375
Les Celtes s'emparent du nord et de l'extrémité ouest du continent.

375 à 125

Les Gaulois, amalgame de ces peuples, forment des tribus qui cohabitent plus ou moins pacifiquement.

125 à 60

Les Romains s'implantent peu à peu en Gaule.

122

Fondation d'Aix-en-Provence.

120

Première colonie romaine hors d'Italie : Gaule transalpine.

105

Début des invasions, les Germains originaires du sud de la Scandinavie et de l'Allemagne du Nord menacent les Gaulois retranchés dans des places fortes.

60 à 52

A la demande des Gaulois, les Romains viennent à leur secours. Jules César en profite pour conquérir le pays.

52

Vercingétorix capitule à ALÉSIA (près de Dijon).

LA GAULE ROMAINE
51 avant. J.-C. à 480 après J.-C.

52 à 27

Du Rhin à l'Atlantique la Gaule sous la domination romaine s'organise administrativement.

27

Sous Auguste la Gaule est divisée en quatre provinces : Aquitaine, Lyonnaise, Narbonaise, Belgique, avec un gouvernement central à Lyon.

Après J.-C.

De nombreux empereurs romains séjournent en Gaule : Tibère en 21, Caligula en 39, Claude en 43, Vitellius en 69, Hadrien en 121, Antonin en 160.

170

Début du christianisme à Lyon. Persécutions (saint Irénée, sainte Blandine).

268

La capitale de l'Empire romain se fixe à Trèves (Allemagne).

284

Début des révoltes des Bagaudes (paysans gaulois en révolte contre le gouvernement romain). Elles continueront jusqu'au Ve siècle.

286

Sous Dioclétien la Gaule est divisée en deux « diocèses » : diocèse des Gaules, capitale Trèves et diocèse de Vienne sous l'autorité de Maximien, empereur d'Occident.

298

Constance Chlore rétablit l'ordre.

306 à 337

Constantin son fils continue son œuvre, se convertit au christianisme. Saint Martin (316-397) surnommé l'apôtre des Gaules évangélise le pays.

341

Premières invasions des Francs venus du nord de la Belgique et du sud des Pays-Bas.

361

Julien dit l'Apostat, empereur d'Occident se fixe à Lutèce et persécute les chrétiens.
Les Saxons originaires d'Allemagne du Nord et les Alamans venus d'Allemagne centrale font des incursions en Gaule.

375

Fin de la splendeur de la Gaule romaine.

391

Théodose Ier interdit le culte païen. La préfecture des Gaules est transférée de Trèves à Arles.

406

DÉBUT DES GRANDES INVASIONS : Vandales de la région danubienne, Alamans, Wisigoths de la région de la mer Noire et Burgondes de Suisse ravagent la Gaule. Ils fondent plusieurs royaumes.

PROVINCES ET PLACES FORTES
GALLO-ROMAINES

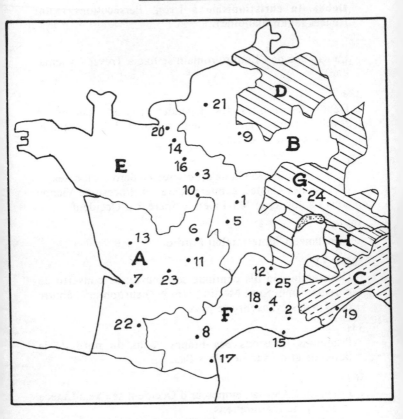

| Provinces gallo romaines | Provinces annexées | Territoire romain |

1. Alésia : Alise Ste Reine
2. Aquaè Sextia : Aix-en-Provence
3. Agedincum : Sens
4. Arelate : Arles
5. Bibracte : St-Beuvray
6. Avaricum : Bourges
7. Burdigala : Bordeaux
8. Carcaso : Carcassonne
9. Durocorturum : Reims
10. Génabum : Orléans
11. Gergovia : Gergovie
12. Lugdunum : Lyon
13. Limonum : Poitiers
14. Lutétia : Paris
15. Massilia : Marseille
16. Mélodunum : Melun
17. Narbomartius : Narbonne
18. Némausus : Nimes
19. Nicæa : Nice
20. Rotomagus : Rouen
21. Samarobriva : Amiens
22. Tolosa : Toulouse
23. Uxellodunum : Le Puy
24. Vésontio : Besançon
25. Vienna : Vienne

A : Aquitaine
B : Belgique
C : Cisalpine
D : Germanie
E : Lyonnaise
F : Narbonnaise
G : Séquanaise
H : Transalpine

418

Naissance du royaume de Toulouse à la suite d'un accord entre le roi wisigoth Wallia et le patrice Constance. Ce royaume sera un fidèle allié de Rome.

430

Clodion dit le Chevelu (428-448), chef d'une tribu franque devient légat des Gaules.

LES MÉROVINGIENS 447 À 751

(une vingtaine de rois)

447

Mérovée († 458), officier du général romain Aetius, fils de Clodion donne son nom à la dynastie **1ʳᵉ race des rois de France.**
Childéric Iᵉʳ (436-481), fils de Mérovée, 23 ans de règne, premier souverain connu, est le père de Clovis.

451

Attila et ses Huns sont arrêtés à la bataille des CHAMPS CATALAUNIQUES (lieu-dit entre Troyes et Châlons-sur-Marne) par la coalition du Franc Mérovée, du Romain Aetius, du Wisigoth Théodoric.
6 peuples dominent la Gaule :
    les Francs dans le Nord et en Belgique
    les Alamans dans les Vosges et sur le Rhin
    les Burgondes dans les vallées du Rhône et de la Saône
    les Wisigoths entre la Loire et les Pyrénées
    les Armoricains en Bretagne, Anjou et Maine
    les Romains dans les régions de la Marne et de l'Oise.

480

CLOVIS (457-511), fils de Childéric, 30 ans de règne.

486

Victoire de SOISSONS (épisode du vase) sur le général gallo-romain Syagrius. **Fin de la domination romaine.**

493

Clovis épouse Clotilde (475-545) dont il aura 3 fils : Clodomir, Childebert, Clotaire.

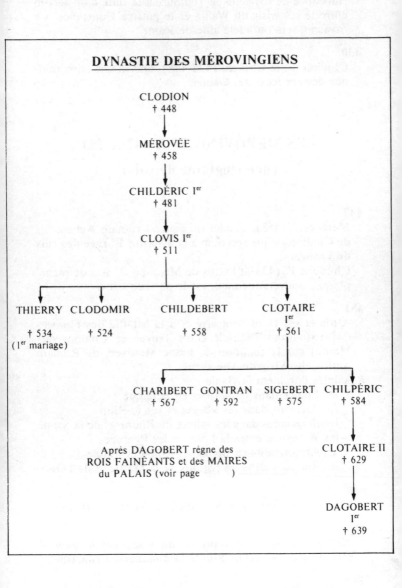

DYNASTIE DES MÉROVINGIENS

CLODION
† 448

MÉROVÉE
† 458

CHILDÉRIC Ier
† 481

CLOVIS Ier
† 511

THIERRY · CLODOMIR · CHILDEBERT · CLOTAIRE Ier

† 534 · † 524 · † 558 · † 561
(1er mariage)

CHARIBERT · GONTRAN · SIGEBERT · CHILPÉRIC
† 567 · † 592 · † 575 · † 584

Après DAGOBERT règne des
ROIS FAINÉANTS et des MAIRES
du PALAIS (voir page   )

CLOTAIRE II
† 629

DAGOBERT
Ier
† 639

496

Victoire de TOLBIAC (près de Cologne) contre les Alamans.

Clovis est baptisé à Reims par l'évêque Rémi.

1re investiture canonique des souverains français.

507

Victoire de VOUILLÉ (près de Poitiers) sur les Wisigoths.

Promulgation de la loi salique (femmes exclues du trône).

511

Partage du royaume entre les 4 fils de Clovis :

Thierry Ier, fils d'un 1er mariage, † en 534, 23 ans de règne. Roi de Metz en Austrasie

Clodomir, † en 524, 13 ans de règne, roi d'Orléans

Childebert, † en 558, 47 ans de règne, roi de Paris

Clotaire Ier, † en 561, 50 ans de règne, roi de Soissons en Neustrie.

524

Mort de Clodomir pendant la guerre contre les Burgondes.

Il laisse 3 fils : Théodebald, Gonthaire, égorgés par leurs oncles et Cléodoald qui finira moine (Saint-Cloud).

524 à 558

Luttes incessantes entre les frères encore vivants.

543

Construction de l'église Saint-Vincent (aujourd'hui Saint-Germain-des-Prés), nécropole des Mérovingiens jusqu'à Dagobert.

558

Clotaire reste seul roi d'un royaume unifié. Il laisse 4 fils :

Charibert, † en 567, 6 ans de règne , roi de Paris

Gontran, † en 592, 31 ans de règne , roi de Bourgogne et d'Orléans

Sigebert, † en 575, 14 ans de règne , roi de Metz en Austrasie

Chilpéric, † en 584, 23 ans de règne , roi de Soissons en Neustrie.

568

Début d'une lutte sans merci entre Francs Ripuaires de l'Est ou d'Austrasie, royaume de Sigebert, époux de

Brunehaut, et les Francs de l'Ouest ou de Neustrie, royaume de Chilpéric époux, de Frédégonde.
À la mort de leurs maris, les veuves continuent la guerre.

600

Les Austrasiens battent les Neustriens à Dormelles près d'Étampes.

613

CLOTAIRE II (584-629), fils de Chilpéric et Frédégonde, 32 ans de règne, unifie les royaumes d'Austrasie, Neustrie et Bourgogne.

615 à 629

Pépin de Landen, † en 629 (**source de dynastie carolingienne**), exerce le pouvoir 6 ans au titre de maire du palais (intendant de la maison royale).

629

DAGOBERT (603-639), 16 ans de règne, fils de Clotaire II, a deux bons ministres : saint-Ouen, saint Eloi (celui de la chanson).

636

Construction de la Basilique Saint-Denis où les rois seront enterrés de Dagobert Ier à Louis XV.

639

Avec les fils de Dagobert : Sigebert II, † 656, et Clovis II (635-657), débute la SÉRIE DES ROIS FAINÉANTS appelés ainsi à cause de leur manque d'autorité.
Jusqu'en 751 nombreux assassinats, gouvernement des maires du palais.

657

Mort de Clovis II. Il laisse 3 fils : Clotaire III (652-673), Childéric II (649-675), Thierry III (654-690). Bathilde, leur mère, exerce la régence. Ebroïn, maire du palais, dirige le royaume épisodiquement jusqu'à sa mort en 683.

675

Thierry III, simple d'esprit, 1 an de règne.

676

Dagobert II, (656-679), fils de Sigebert II, 3 ans de règne.

679

Mort de Dagobert II pas de descendance. Ebroïn reprend le pouvoir jusqu'à sa mort en 683.

687

Pépin d'Herstal, petit-fils de Pépin de Landen, gouverne 34 ans comme maire du palais, bat les Neustriens et unifie le royaume.

Les rois de Neustrie sont des rois fantoches dominés par Pépin d'Herstal ou Pépin d'Héristal.

691

Clovis III (682-695), fils de Thierry III, 4 ans de règne.

695

Childebert III (683-711), fils de Thierry III, 16 ans de règne.

711

Dagobert III (699-715), fils de Childebert III, 4 ans de règne.

714

CHARLES MARTEL (685-741), fils naturel de Pépin d'Herstal, s'empare du pouvoir et gouverne 29 ans comme maire du palais. Sous son autorité ont régné :

715

Chilpéric II (670-721), fils de Childéric II, 6 ans de règne.

717

Clotaire IV, † 719, date de naissance et ascendance inconnues, 2 ans de règne.

720

Thierry IV (713-737), fils de Dagobert III, 16 ans de règne. Le trône reste vacant pendant 6 ans.

730

Charles Martel bat les Neustriens, attaque les Saxons.

732

Charles remporte la VICTOIRE DE POITIERS contre les Arabes menés par Raham Ibn Abdullah, ce qui lui vaut le surnom de « Martel ».

741

À sa mort il laisse 2 fils : Carloman et Pépin (le Bref). Jusqu'en 747 les 2 frères partagent le pouvoir, Carloman finit sa vie moine (754).

747

Pépin le Bref (714-768), fils de Charles Martel, 21 ans de

ROIS FAINÉANTS

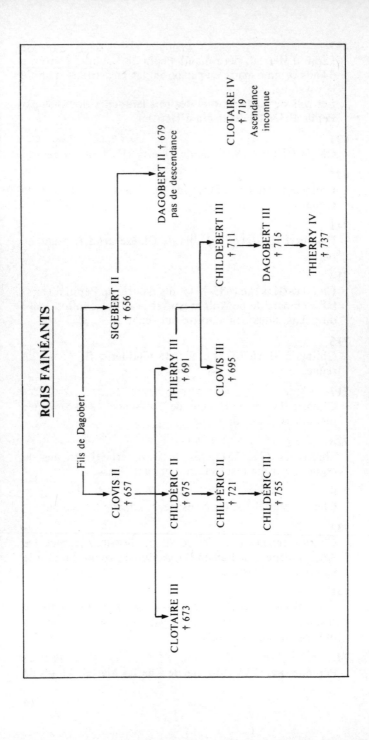

Fils de Dagobert

CLOVIS II † 657
- CLOTAIRE III † 673
- CHILDÉRIC II † 675 → CHILPÉRIC II † 721 → CHILDÉRIC III † 755
- THIERRY III † 691
  - CLOVIS III † 695
  - CHILDEBERT III † 711 → DAGOBERT III † 715 → THIERRY IV † 737

SIGEBERT II † 656 → DAGOBERT II † 679
pas de descendance

CLOTAIRE IV † 719
Ascendance inconnue

règne, bat les Saxons, les Alamans, les Bavarois, d'où son surnom de « Bref » ou rapide.

752

Childéric III (714-755), fils de Chilpéric II, dernier roi fainéant, règne sous l'autorité de Pépin le Bref.

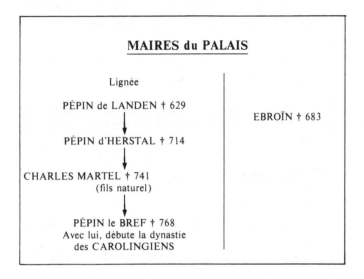

MAIRES du PALAIS

Lignée

PÉPIN de LANDEN † 629

↓

PÉPIN d'HERSTAL † 714

↓

CHARLES MARTEL † 741
(fils naturel)

↓

PÉPIN le BREF † 768
Avec lui, débute la dynastie
des CAROLINGIENS

EBROÏN † 683

LES CAROLINGIENS 752-986

(17 rois)

Début de la royauté de droit divin

752

PÉPIN LE BREF, élu roi des Francs à Soissons, sacré à Mayence puis à Reims par le pape Étienne II, continue la lutte contre les Arabes et bat les Lombards en Italie.
Il donne au pape Ravenne et la Pentapole (Ancône, Rimini, Pesaro, Fano, Senigallia). Début de la puissance temporelle des Papes.

768

Mort de Pépin le Bref. Il laisse 2 fils : Charles (742-814) et Carloman (751-771), qui se partagent le royaume.

771

Charles dit Charlemagne (742-814), 43 ans de règne.

772 à 776

1re CAMPAGNE contre les Saxons pour les convertir.

774

Guerre contre les Lombards dont il bat le roi Didier à Pavie. Charlemagne devient roi des Lombards.

777 à 785

2e CAMPAGNE contre les Saxons. Leur roi Witikind se soumet et accepte le baptême.

778

3e CAMPAGNE contre les Arabes d'Espagne. Défaite de Roncevaux où le Comte Roland est tué lors du repli de l'armée.

779

La dîme (impôt ecclésiastique, soit le 10e des revenus) est obligatoire.

787

4e CAMPAGNE contre les Bavarois dont il annexe le pays.

788-796

5e CAMPAGNE contre les Avars. Avec l'aide de son fils Pépin il bat ces descendants des Huns et s'empare d'un immense butin.

781

Création d'une école dans chaque évêché, chaque abbaye, pour y apprendre la grammaire, le calcul, la musique. Les enfants doivent être baptisés avant l'âge de un an.

800

Charlemagne est couronné empereur par le pape Léon III. Il fixe sa capitale à Aix-la-Chapelle, réglemente l'administration, la justice par « capitulaires » (lois).
Les missi dominici, ou envoyés du maître, sont chargés de les faire respecter.

805

Charlemagne partage l'empire entre ses 3 fils : Charles, † 811, Pépin, † 810 et Louis qui survit jusqu'en 840.

814

Mort de Charlemagne. Louis Ier (778-840) dit le Pieux ou le Débonnaire, 19 ans de règne intermittent. Il sera

EMPIRE DE CHARLEMAGNE
AU TRAITÉ DE VERDUN
EN 843

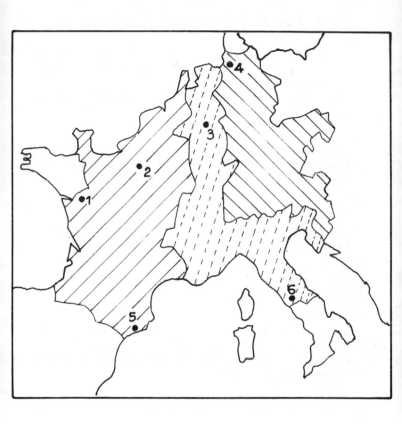

Partage de l'empire entre ses petits-fils :

 A l'Ouest, la Francie CHARLES LE CHAUVE

 Au Centre, la Lotharingie LOTHAIRE 1er

 A l'Est, la Germanie LOUIS LE GERMANIQUE

1. Nantes	3. Aix-la-Chapelle	5. Barcelone
2. Paris	4. Hambourg	6. Rome

déposé par ses fils : Lothaire Ier (795-855), Louis le Germanique (804-876) et Charles le Chauve (823-877).

840

Mort de Louis Ire. Lothaire prend le titre d'Empereur.

843

Traité de Verdun. Partage de l'Empire. Louis reçoit la Germanie. Lothaire a un territoire qui s'étend de la mer du Nord jusqu'à Rome.
CHARLES LE CHAUVE (823-877), 34 ans de règne en France.

845

Les Vikings ou Normands arrivent à Paris. Institution d'un impôt (Danegeld) pour leur payer un tribut. En vigueur pendant 79 ans.

847

Création du Duché de France pour Robert le Fort. Ce soldat aïeul d'Hugues Capet le reçoit pour services rendus.

877

Capitulaire de Quierzy (Aisne) : les dignités comtales deviennent héréditaires.

877 à 879

LOUIS II LE BÈGUE ou le Fainéant (846-879), fils de Charles le Chauve, 2 ans de règne. Il laisse 3 fils : Louis III (863-882), Carloman (865-884), Charles III, fils posthume (879-929).

879-882

Louis et Carloman règnent ensemble.

882-884

Règne personnel de Carloman. Charles III est trop jeune pour régner.

884-888

Charles le Gros (839-888), fils de Louis le Germanique, ne résiste pas aux Normands.

888-893

Eudes (860-898), fils de Robert le Fort, 10 ans de règne.

893

CHARLES III LE SIMPLE ou sincère (879-929), fils de Louis II le Bègue, 31 ans de règne.

LES CAROLINGIENS

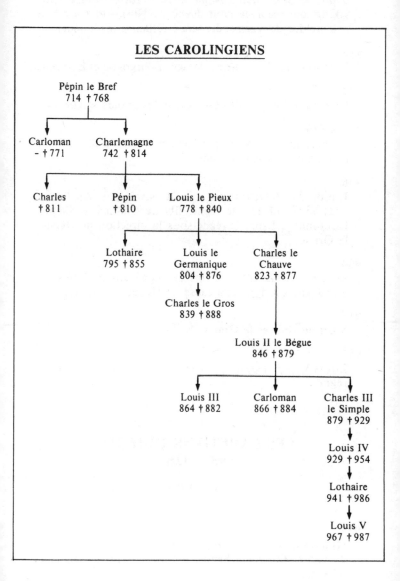

Pépin le Bref
714 † 768

Carloman
- † 771

Charlemagne
742 † 814

Charles
† 811

Pépin
† 810

Louis le Pieux
778 † 840

Lothaire
795 † 855

Louis le
Germanique
804 † 876

Charles le
Chauve
823 † 877

Charles le Gros
839 † 888

Louis II le Bègue
846 † 879

Louis III
864 † 882

Carloman
866 † 884

Charles III
le Simple
879 † 929

Louis IV
929 † 954

Lothaire
941 † 986

Louis V
967 † 987

911

Traité de Saint-Clair-sur-Epte entre le roi et Rollon, chef viking, qui reçoit le futur duché de Normandie. Le plus célèbre duc de Normandie sera Guillaume le Conquérant.

915

Invasion des Hongrois en Alsace, Bourgogne et Lorraine.

922

Charles le Simple est destitué par les grands seigneurs.

923 à 936

L'interrègne est assuré par Hugues le Grand dit le Blanc (teint pâle), neveu de Eudes.

936

LOUIS IV D'OUTREMER car il vivait en Angleterre (921-954), 14 ans de règne, fils de Charles le Simple. Couronné à Laon. Il règne sous la direction de Hugues le Grand.

954

LOTHAIRE (941-986), 32 ans de règne, fils de Louis IV. Son règne est difficile à cause de Hugues le Grand.

956

Mort de Hugues le Grand.

986

LOUIS V LE FAINÉANT (967-987), fils de Lothaire, 1 an de règne.

LES CAPÉTIENS DIRECTS
987-1328

(14 rois)

987

HUGUES CAPET (941-996), fils de Hugues le Grand, 9 ans de règne. Élu roi à Senlis, il lutte contre les seigneurs rebelles.

996

ROBERT II LE PIEUX (970-1031), fils de Hugues Capet,

DYNASTIE DES CAPÉTIENS DIRECTS

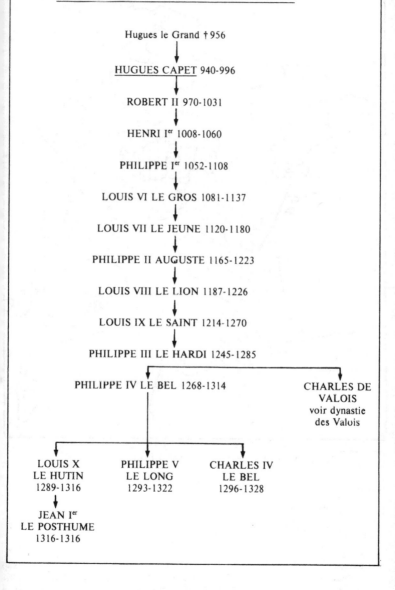

Hugues le Grand †956

↓

<u>HUGUES CAPET</u> 940-996

↓

ROBERT II 970-1031

↓

HENRI Iᵉʳ 1008-1060

↓

PHILIPPE Iᵉʳ 1052-1108

↓

LOUIS VI LE GROS 1081-1137

↓

LOUIS VII LE JEUNE 1120-1180

↓

PHILIPPE II AUGUSTE 1165-1223

↓

LOUIS VIII LE LION 1187-1226

↓

LOUIS IX LE SAINT 1214-1270

↓

PHILIPPE III LE HARDI 1245-1285

PHILIPPE IV LE BEL 1268-1314   CHARLES DE VALOIS
voir dynastie des Valois

LOUIS X LE HUTIN 1289-1316   PHILIPPE V LE LONG 1293-1322   CHARLES IV LE BEL 1296-1328

↓

JEAN Iᵉʳ LE POSTHUME 1316-1316

FORMATION DE LA FRANCE

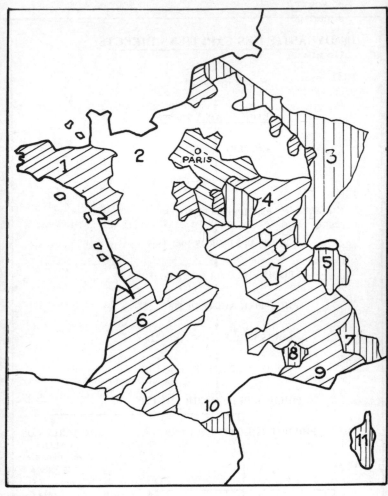

◰ Le domaine royal des Capétiens 987 à 1180

▢ L'extension du domaine 1180 à 1328

▨ Royaume de France 1453 à 1610

⫼ L'extension 1610 à nos jours

1. Bretagne	1532	7. Nice	1860
2. Normandie	1259	9. Provence	1481
3. Alsace	1681	10. Roussillon	1659
4. Bourgogne	1477	11. Corse	1767
5. Savoie	1860		
6. Guyenne	1453		

35 ans de règne, a des démêlés avec le Pape à cause de ses 3 mariages.

1000

On attend la fin du monde.

1031

HENRI Ier (1008-1060), fils de Robert II, 29 ans de règne. Il s'oppose à sa mère, à son frère et à Guillaume le Conquérant.

1041

Trêve de Dieu : interdiction de se battre du mercredi soir au lundi matin.

1060

PHILIPPE Ier (1052-1108), fils de Henri Ier, 47 ans de règne. Excommunié par Urbain II. Il agrandit le royaume.

1066

Guillaume le Conquérant (1027-1087), s'empare de l'Angleterre (Bataille d'HASTINGS).

1095

1re CROISADE prêchée par Pierre l'Ermite (1050-1115), commandée par Godefroy de Bouillon. Prise de Jérusalem.

1096

Réalisation de la Tapisserie de Bayeux relatant sur 70 mètres la conquête de l'Angleterre par Guillaume le Conquérant.

1100

1re traduction de la Bible du latin en français.

1108

LOUIS VI DIT LE GROS, l'éveillé, le batailleur (1081-1137) fils de Philippe Ier, 29 ans de règne, fonde avec Suger l'abbaye de Saint-Denis. Il pacifie le royaume avec l'aide de l'église, se bat contre Henri Ier d'Angleterre.

1108

Création des foires de Champagne : Lagny, Bar-sur-Aube, Provins, Troyes.

1118

Fondation de l'ordre des Chevaliers du Temple pour défendre les lieux saints.

1120

Création de l'Université de Paris.

1137

LOUIS VII LE JEUNE (1119-1180), fils de Louis VI, 43 ans de règne, se marie avec Éléonore ou Aliènor d'Aquitaine (1122-1204).

1147

2e CROISADE prêchée par Bernard de Clairvaux. Échec devant Damiette.

1152

Divorce de Louis VII. Éléonore épouse Henri Plantagênet d'Angleterre (1133-1189). Il possède ainsi l'équivalent de 22 départements français.

1180

PHILIPPE II AUGUSTE (1165-1223), fils de Louis VII, 42 ans de règne, lutte contre les Plantagênets : Richard Cœur de Lion (1157-1199) et Jean sans Terre (1167-1214), fils d'Éléonore. Il agrandit le royaume de plusieurs provinces.

1185

1re enceinte de Paris, premières rues pavées.

1189-1192

3e CROISADE avec Philippe Auguste, Richard Cœur de Lion et Frédéric Barberousse. Prise de Saint-Jean d'Acre.

1190

Début de la construction du Louvre.

1194

Création des archives royales.

1200

Jean sans Terre, maître de la Normandie, de l'Anjou, de la Touraine.

1202-1204

4e CROISADE dirigée vers Constantinople. Les rois n'y participent pas.

1209-1229

CROISADE CONTRE LES HÉRÉTIQUES ALBIGEOIS ou Cathares, ordonnée par Innocent III et menée par Simon de Montfort (1160-1218). Massacres à Béziers et Carcassonne.

LES CROISADES

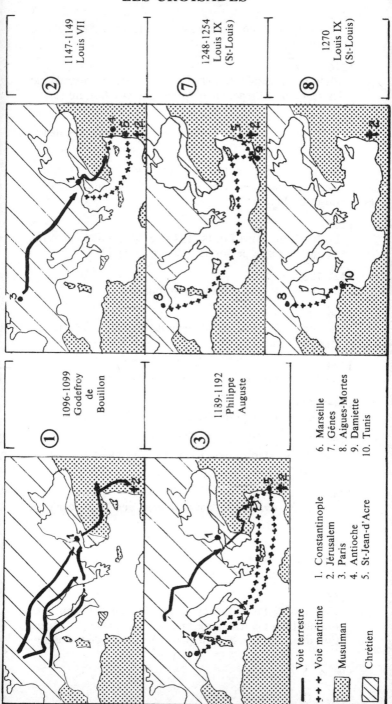

① 1096-1099 Godefroy de Bouillon

② 1147-1149 Louis VII

③ 1139-1192 Philippe Auguste

⑦ 1248-1254 Louis IX (St-Louis)

⑧ 1270 Louis IX (St-Louis)

1. Constantinople
2. Jérusalem
3. Paris
4. Antioche
5. St-Jean-d'Acre
6. Marseille
7. Gênes
8. Aigues-Mortes
9. Damiette
10. Tunis

Voie terrestre
Voie maritime

Musulman
Chrétien

1212

Croisade des enfants français et allemands. Ils se font massacrer.

1214

Philippe Auguste à Bouvines (entre Lille et Tournai) bat les féodaux, l'Empereur d'Allemagne et l'Angleterre.

1219-1221

5ᵉ Croisade en Égypte menée par les Grands Seigneurs.

1223

Louis VIII dit le Lion (1187-1226), fils de Philippe Auguste. 3 ans de règne, s'empare du Poitou, du Limousin et du Périgord.

1226

Louis IX ou Saint Louis (1214-1270), fils de Louis VIII, 34 ans de règne personnel. Canonisé en 1297.

1227-1229

6ᵉ Croisade sans participation française.

1236

Fin de la Régence de Blanche de Castille (1188-1252), mère de Louis IX.

1244

Bûcher de Montségur pour les derniers Cathares.

1248-1254

7ᵉ Croisade. Prise de Damiette

1250

Défaite de Mansourah. Louis IX prisonnier (rançon de 400 000 besants d'or).

1252

Louis IX organise le pays. Il crée une cour royale de justice.

1259

Traité de Paris. Henri III d'Angleterre renonce à ses droits sur les terres conquises.

1266

Création de l'écu d'or et du gros d'argent. Création de l'hôpital des Quinze-Vingts pour 300 aveugles. Construction de la Sainte-Chapelle pour les reliques de la Passion.

1270

8e CROISADE. Louis IX victime de la peste meurt à Tunis.
PHILIPPE III LE HARDI (1245-1285), fils de Louis IX,
15 ans de règne. Guerre contre l'Espagne à la suite du
massacre des Français (Vêpres siciliennes).

1280

Élaboration définitive du rituel du sacre des rois.

1285

PHILIPPE IV LE BEL (1268-1314), fils de Philippe le
Hardi, 29 ans de règne.

1297-1305

Guerre contre l'Angleterre. *Paix de Montreuil :* Isabelle,
fille de Philippe le Bel, épouse Edouard II d'Angleterre.

1302

1re réunion des états généraux.

1305

Clément V (archevêque de Bordeaux), 1er pape français à
Avignon qui pendant 70 ans sera le siège de la papauté.

1307-1312

Difficultés financières. 1re dévaluation. Confirmation des
biens des Lombards. Procès des Templiers : moines
chevaliers devenus riches et puissants.

1312

Suppression de l'ordre des Templiers, Réorganisation du
Parlement avec cour de justice, Grand Conseil pour les
lois, Chambre des comptes. Création des douanes.

1314

Jacques de Molay, grand maître des Templiers, sur le
bûcher prophétise « les Rois Maudits » ; fils de Philippe
le Bel.
LOUIS X LE HUTIN ou le Querelleur (1289-1316), fils de
Philippe le Bel, 18 mois de règne. Sa fille Jeanne ne peut
régner (loi salique).

1315-1316

Jean, fils posthume, meurt 7 jours après sa naissance.
PHILIPPE V LE LONG (1293-1322), fils de Philippe le Bel,
5 ans de règne, prend des mesures contre les Juifs et les
hérétiques.

1322

CHARLES IV LE BEL (1294-1328), fils de Philippe le Bel, 6 ans de règne, 3 mariages, pas de succession mâle. Sa mort ouvre la guerre de Cent Ans.

1327

Création de la Baronnie de Bourbon, duché-pairie pour le petit-fils de Louis IX (origine des Bourbons).

CAPÉTIENS VALOIS
1328-1498

(7 rois)

1328

PHILIPPE VI DE VALOIS dit le Hardi (1293-1350), neveu de Philippe le Bel, 22 ans de règne. Se heurte à Philippe de Navarre, gendre de Charles IV, et surtout à Édouard III d'Angleterre, petit fils de Philippe le Bel.

1334-1342

Benoît XII construit le Palais des Papes à Avignon.

1337-1453

Guerre de Cent Ans. 4 périodes :
1) Période malheureuse avec Philippe VI et Jean le Bon
2) Période heureuse avec Charles V et Du Guesclin
3) Période mauvaise avec Charles VI (folie du Roi)
4) Période de rétablissement avec Charles VII et Jeanne d'Arc.

1346

Désastre de CRÉCY (Somme). Édouard III d'Angleterre bat Philippe VI. Début de l'artillerie.

1347

Siège de CALAIS (11 mois). 6 bourgeois se livrent au roi d'Angleterre. La ville restera anglaise jusqu'en 1558.

1348-1349

La plus grave épidémie de peste noire : 50 % de la population disparaît.

1349

Humbert II (1312-1355), dauphin du Viennois, donne le Dauphiné au fils aîné du roi. 1er dauphin : Charles V.

1350

Création de la gabelle : impôt sur le sel.

1350-1364

Charles le Mauvais (1332-1387), arrière petit-fils de Philippe le Bel, roi de Navarre, veut s'emparer du trône. JEAN LE BON ou le Brave (1319-1364), fils de Philippe VI, 14 ans de règne lutte, contre son gendre Charles le Mauvais et les Anglais.

1356

Désastre de POITIERS. Jean le Bon battu par le Prince Noir (1312-1377) (Prince de Galles), prisonnier à Londres.

1358

Étienne Marcel, prévôt des marchands, après son alliance avec Charles le Mauvais contre le dauphin Charles V, est assassiné par les bourgeois révoltés.

1359

Les Grandes Compagnies (mercenaires étrangers) ravagent le royaume.

1360

Traité de Brétigny : le Roi libéré contre 3 millions d'écus d'or et 3 otages : ses fils Louis d'Anjou, Jean de Berry et son frère Philippe d'Orléans.
Création du Franc, 3,88 gr or pur, avec roi des Francs à cheval.

1361

Création du Duché de Bourgogne pour Philippe le Hardi (1342-1404), 4e fils de Jean le Bon.

1362

Le Prince Noir reçoit l'Aquitaine.

1364

CHARLES V LE SAGE (1338-1380), fils de Jean le Bon, 24 ans de règne. Lutte contre les Anglais avec Du Guesclin (1320-1380).

1370

Création de la bibliothèque royale (900 volumes). Construction de la Bastille.

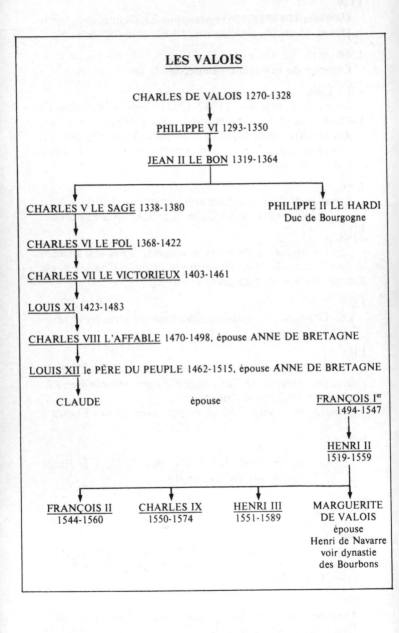

LES VALOIS

CHARLES DE VALOIS 1270-1328

PHILIPPE VI 1293-1350

JEAN II LE BON 1319-1364

CHARLES V LE SAGE 1338-1380

PHILIPPE II LE HARDI
Duc de Bourgogne

CHARLES VI LE FOL 1368-1422

CHARLES VII LE VICTORIEUX 1403-1461

LOUIS XI 1423-1483

CHARLES VIII L'AFFABLE 1470-1498, épouse ANNE DE BRETAGNE

LOUIS XII le PÈRE DU PEUPLE 1462-1515, épouse ANNE DE BRETAGNE

CLAUDE   épouse   FRANÇOIS Iᵉʳ
                                          1494-1547

HENRI II
1519-1559

FRANÇOIS II   CHARLES IX   HENRI III   MARGUERITE
1544-1560   1550-1574   1551-1589   DE VALOIS
                                                      épouse
                                                      Henri de Navarre
                                                      voir dynastie
                                                      des Bourbons

1378

Dernier pape français à Avignon : Clément VII, † 1394.

1380

CHARLES VI LE FOL (1368-1422), fils de Charles V. Régence de ses oncles jusqu'en 1388. 34 ans de règne personnel.

1re horloge publique au Palais de la Conciergerie.

1382

Révolte des Maillotins (armés de maillets) contre les taxes rétablies.

1385

Mariage de Charles VI avec Isabeau de Bavière (1371-1435).

1388

Début du règne personnel. Le roi s'entoure de conseillers appelés les Marmousets.

1389

Louis, duc d'Orléans, frère de Charles VI, épouse Valentine Visconti. Elle apporte en dot le Milanais (cause des futures guerres d'Italie).

1392

Charles VI devient fou.

1393

Bal des Ardents où le Roi a failli mourir brûlé sous son déguisement.

1407-1435

GUERRE CIVILE entre les Régents. Les Armagnacs, partisans du Duc d'Orléans qui est assassiné par les Bourguignons et les partisans de Jean sans Peur (1370-1419).

1413

Révolte des Cabochiens (du nom du meneur Caboche) du parti des Bourguignons.

1415

Défaite d'AZINCOURT (Pas-de-Calais) infligée par les Anglais.

1416

Jean sans Peur, fils du Duc de Bourgogne, soulève Paris.

1418

Assassinat de Jean sans Peur à Montereau par Tanguy Duchâtel, prévôt des marchands.

1420

Traité de Troyes : Le dauphin Charles VII, déshérité. Henri V d'Angleterre épouse la fille de Charles VI. La France est livrée aux Anglais par Isabeau de Bavière.

1422

CHARLES VII l'Indolent, le Bien Servi ou le Victorieux (1403-1461), fils de Charles VI, 39 ans de règne, se réfugie à Bourges, Agnès Sorel (1409-1450), ou Dame de Beauté, a été sa célèbre favorite.

1428

Jeanne d'Arc (1412-1431), béatifiée en 1909, canonisée en 1920, délivre Orléans assiégée par les Anglais et ouvre la route de Reims par la victoire de PATAY. Sacre du roi Charles VII.

1429

Jeanne au siège de Paris, prisonnière, sera vendue aux Anglais.

1431

Jeanne est brûlée à Rouen après un long procès.

1435

Paix d'Arras. Le Duc de Bourgogne abandonne le parti Anglais.

1437

Charles VII s'installe à Paris.

1438

Par décret de Bourges (pragmatique sanction), Charles VII décide de nommer les évêques à la place du pape.

1439

Création de la taille : impôt pour entretenir une armée permanente.
Révolte des Seigneurs : la Praguerie (mêmes révoltes ont eu lieu en Bohême).

1445

Création des Compagnies d'Ordonnance, noyau d'une armée permanente.

1448

Jacques Cœur (1395-1456), grand argentier du roi, assainit la monnaie. Victime d'une cabale ses biens sont confisqués.

1450

Lyon obtient le monopole de la soie.

1451

A la fin de la guerre les Anglais conservent Calais et les îles anglo-normandes.

1453

Charles VII crée les parlements de Toulouse et Grenoble.

1461

LOUIS XI l'universelle araignée (1423-1483), fils de Charles VII, 22 ans de règne, consolide le pouvoir royal en luttant contre les Seigneurs et le duc de Bourgogne : Charles le Téméraire (1433-1478).

1463

Construction de Plessis-les-Tours, demeure favorite de Louis XI.

1465

Traité de Conflans non respecté par Louis XI malgré sa faible victoire à Montlhéry sur les Grands Seigneurs.

1466

Premiers métiers à tisser la soie à Lyon.

1468

Entrevue de Péronne. Louis XI doit céder la Champagne et la Brie.

1470

Premiers livres imprimés selon le procédé Gutenberg (1397-1468).

1472

Louis XI se bat contre Charles le Téméraire. A Beauvais, Jeanne Hachette (1454-†?) résiste aux Bourguignons.

1475

Paix de Picquigny (Somme) pour éviter une coalition anglo-bourguignonne.

1478

Bataille de NANCY. Mort de Charles le Téméraire. Louis XI récupère Picardie et Artois.

1480

1er régiment de Suisses au service de la France.

1483

CHARLES VIII dit l'Affable (1470-1498), fils de Louis XI, 8 ans de règne. Régence de sa sœur Anne de Beaujeu (1451-1522), fille de Louis XI.

1484

Louis d'Orléans, futur Louis XII, tente de s'emparer de la Régence. Prisonnier après la défaite de Saint-Aubin-du-Cormier.

1491

Charles VIII épouse Anne de Bretagne (1477-1514). La province devient française.

1494

Ire CAMPAGNE D'ITALIE.
Charles VIII s'empare de Naples. Malgré la victoire de FORNOUE les Français quittent l'Italie.
Pas de descendance royale.

VALOIS ORLÉANS
1498-1515

(1 roi)

1498

LOUIS XII, père de la patrie pour avoir réduit les impôts (1462-1515), cousin de Charles VIII, 17 ans de règne.

1499

Il épouse Anne de Bretagne veuve de Charles VIII.
2e CAMPAGNE D'ITALIE Conquête du Milanais, possession de sa grand-mère Visconti *(voir 1389).*

1501 à 1503

Conquête de Naples grâce aux généraux La Palisse (1470-1525) et Bayard (1475-1524).

1505

Traité de Blois, Louis XII conserve le Milanais.

1508

La ligue de Cambrai, inspirée par Jules II (1441-1513), réunit Louis XII, Maximilien d'Autriche (1459-1519) et Ferdinand le Catholique (1452-1516) contre Venise qui finit par triompher.

1511-1513

3ᵉ CAMPAGNE D'ITALIE néfaste pour la France. Les Anglais attaquent de nouveau.

1514

Traité de Londres : réconciliation avec l'Angleterre.
Pas de descendance royale.

VALOIS, ANGOULÊME
1515-1589

(5 rois)

1515

FRANÇOIS Iᵉʳ (1494-1547), cousin de Louis XII, 32 ans de règne. Victoire de Marignan grâce à Bayard. La France reçoit le Milanais.

1516

Concordat de Boulogne. Le roi nomme évêques et abbés.
Léonard de Vinci (1452-1519) vient en France.

1517

Début de la Réforme. Luther (1483-1516) fait campagne contre les Indulgences accordées par le clergé catholique moyennant finances.

1519

Construction de Chambord jusqu'en 1537.
Avènement de Charles Quint (1500-1558), prince le plus puissant de la chrétienté.

1520

Entrevue du Camp du Drap d'Or à Guines (Pas-de-

Calais). Henri VIII d'Angleterre refuse de s'allier à la France contre Charles Quint. 4 guerres vont en découler.

1521-1525

1re GUERRE. Mort de Bayard.

1525

DÉFAITE DE PAVIE. François Ier prisonnier à Madrid.
Traité de Madrid, François Ier renonce à l'Italie, épouse la sœur de Charles Quint, Éléonore.
Champlain (1570-1635) aborde au Canada (Québec).

1526-1529

2e GUERRE. *Paix des Dames* entre la mère de François Ier et la tante de Charles Quint. Perte de l'Italie, paiement d'un tribut de 2 000 écus d'or.

1530

Fondation du Collège des 3 langues (grec, latin, hébreu), appelé Collège de France en 1815.

1534

Affaire des Placards (affiches) à Amboise, contre la messe
1re arrestation des protestants.

1536-1538

3e GUERRE par suite de l'alliance de François Ier avec Soliman le Magnifique *(1495-1566).*
Trêve de Nice pour 10 ans.

1538

1re église réformée de France fondée par Calvin (1509-1564) selon les thèses de Luther.

1539

Édit de Villers-Cotterêts (Aisne). Le Français devient langue officielle au lieu du latin.
Registres de baptême dans les paroisses : début de l'état civil.

1542-1544

4e GUERRE pour châtier François Ier allié à un musulman.
Traité de Crépy (près de Laon). Aucun avantage pour la France.

1547

HENRY II (1519-1559), fils de François Ier, 12 ans de règne, marié depuis 1533 à Catherine de Médicis (1519-1589), 10 enfants dont trois seront rois.

1548

1re monnaie avec effigie du roi, moins facile à imiter.

1551

Guerre contre Charles Quint. Prise des 3 évêchés : Metz, Toul, Verdun, de la Lorraine et du Luxembourg.

1556

Abdication de Charles Quint au profit de son fils Philippe II (1527-1598).

1557

Échec d'une nouvelle campagne en Italie.

1559

Paix de Cateau-Cambrésis (Nord). Fin des guerres d'Italie. La France garde les évêchés et Calais.
Henri II meurt à la suite d'un tournoi malgré les soins d'Ambroise Paré (1509-1590), le père de la chirurgie.
FRANÇOIS Ier, (1544-1560), fils d'Henri II, 1 an de règne. Marié à Marie Stuart (1542-1587), reine d'Écosse.

1560

Guerres de religion. 3 factions : les Bourbons de sang royal, les Guise lorrains, les Châtillon protestants.
Conjuration d'Amboise : tentative d'enlèvement de François II pour le soustraire aux Guise.

1560

CHARLES IX (1550-1574), fils d'Henri II, 13 ans de règne. Régence de Catherine de Médicis.

1561

Colloque de Poissy : Michel de L'Hôpital (1505-1573) chancelier, tente de concilier catholiques et protestants.

1562

Édit de Saint-Germain : libre exercice de la religion, 670 églises réformées.
Massacre de Wassy (Haute-Marne) par les Guise. Conséquence, *8 guerres de Religion* jusqu'en 1598.

1562-1563

1re GUERRE Les Huguenots sont aidés par l'Angleterre et l'Allemagne. *Paix d'Amboise.*

1564

L'année commence le 1er janvier et non plus à Pâques.

1567

2ᵉ GUERRE. Tentative d'enlèvement de Charles IX.

1568

Paix de Longjumeau.

1568-1570

3ᵉ GUERRE. Défaite des protestants à Jarnac. Assassinat de Condé (1530-1569). Henri de Navarre, futur Henri IV, devient chef des protestants.

1570

Paix de Saint-Germain : Les protestants reçoivent 4 places fortes : La Rochelle, Cognac, Montauban, La Charité.

1572

MASSACRE DE LA SAINT-BARTHÉLEMY (24 août). 3 000 victimes dont l'amiral de Coligny (1519-1572).

1573

4ᵉ GUERRE. Sièges de Sancerre et de La Rochelle. Le duc d'Anjou, futur Henri III, devient roi de Pologne pour quelques mois.

1574

Mort de Charles IX. Fin d'un triste règne.

1574

HENRI III (1551-1589), fils d'Henri II, 15 ans de règne.

1575

5ᵉ GUERRE. Victoire catholique à Dormans (Marne). Henri de Guise (1550-1589) reçoit une blessure, il sera « le Balafré ».
Paix de Loches.

1576

Formation de la Ligue avec les Guise, le cardinal de Lorraine, pour renverser Henri III.

1577

6ᵉ GUERRE. Succès catholiques. Henri de Navarre abjure le catholicisme qu'il avait adopté par prudence après la saint Barthélemy. *Paix de Bergerac.*

1578

Création de l'ordre du Saint-Esprit par Henri III.

1580

7ᵉ Guerre dite des Amoureux à cause du côté frivole de la cour d'Henri de Navarre. *Paix de Fleix.*

1584

Henri III n'a pas de descendance, il choisit Henri de Navarre comme héritier.

1585-1588

8ᵉ Guerre des 3 Henri : Henri III, Henri de Navarre, Henri de Guise. Les protestants perdent leurs privilèges. La puissance des Guise est renforcée.

1588

Journée des Barricades (12 mai). La royauté a failli être renversée. Henri III fait assassiner deux des Guise. Le 3ᵉ, le duc de Mayenne (1554-1611) prend la tête de la Ligue.

1589

Les Ligueurs couronnent le cardinal de Bourbon (1525-1590). Henri III et Henri IV assiègent Paris. Jacques Clément, moine ligueur (1567-1589) assassine le roi à Saint-Cloud.

LES BOURBONS
1589-1792

(5 rois)

1589

Henri IV (1553-1610), fils d'Antoine de Bourbon, descendant de Louis IX. Roi de Navarre pendant 17 ans et 21 ans roi de France.

1589-1591

Lutte contre le duc de Mayenne. Victoires d'Arques, Ivry.

1593

Henri IV renonce une nouvelle fois au protestantisme à Saint-Denis. Il se convertit à nouveau au catholicisme « Paris vaut bien une messe » pour être reconnu roi de France.

1594

Sacré à Chartres il fait son entrée à Paris. Tentative d'assassinat par Jean Châtel.

1595

Soumission du duc de Mayenne. Henri IV est maître de la situation.

1598

Édit de Nantes : libre exercice du culte, les protestants peuvent briguer les fonctions publiques, avoir des places fortes, des représentants au Parlement, le droit d'assemblée.

1600

Le 1er mariage d'Henri IV avec Marguerite de Valois (1553-1615), sœur d'Henri III, est annulé. 2e mariage avec Marie de Médicis (1575-1642).

1601-1610

Mise en valeur du royaume avec l'aide de Maximilien de Béthune, baron de Rosny, duc de Sully (1560-1641).

1603

Réforme catholique ou Contre-Réforme. Création de l'ordre des Jésuites : missions, séminaires, écoles.

1604

Édit de la Paulette (Ch. Paulet). Les charges du parlement sont héréditaires moyennant une taxe annuelle.

1605

Aménagement de la place royale (place des Vosges) et de la place Dauphine. Construction du Pont-Neuf.

1610

Henri IV est assassiné par Ravaillac.

1610-1614

Régence de Marie de Médicis. Renvoi de Sully remplacé par Concini, maréchal d'Ancre († 1617) et sa femme Eléonora Dori, dite la Galigaï (1571-1617), sœur de lait de Marie de Médicis.
Le trésor royal est pillé.

1611

Le cardinal de Bérulle (1575-1629) fonde l'Oratoire de Jésus, ordre semblable à celui des Jésuites.

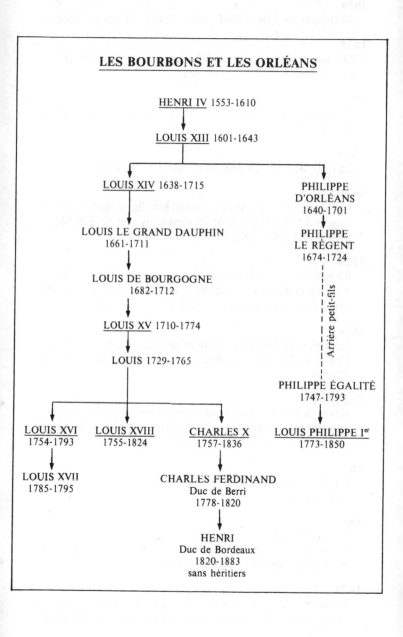

LES BOURBONS ET LES ORLÉANS

HENRI IV 1553-1610

LOUIS XIII 1601-1643

LOUIS XIV 1638-1715

PHILIPPE D'ORLÉANS 1640-1701

LOUIS LE GRAND DAUPHIN 1661-1711

PHILIPPE LE RÉGENT 1674-1724

LOUIS DE BOURGOGNE 1682-1712

LOUIS XV 1710-1774

LOUIS 1729-1765

Arrière petit-fils

PHILIPPE ÉGALITÉ 1747-1793

LOUIS XVI 1754-1793

LOUIS XVIII 1755-1824

CHARLES X 1757-1836

LOUIS PHILIPPE Iᵉʳ 1773-1850

LOUIS XVII 1785-1795

CHARLES FERDINAND Duc de Berri 1778-1820

HENRI Duc de Bordeaux 1820-1883 sans héritiers

1614

MAJORITÉ DE LOUIS XIII (1601-1643), 33 ans de règne.

1615

Mariage de Louis XIII avec Anne d'Autriche (1601-1661).

1617

Assassinat de Concini par Vitry, la Galigaï est brûlée comme sorcière.

1620

Révolte des grands seigneurs matée au Pont-de-Cé.

1621

Les protestants du Midi se soulèvent. Battus par le duc de Luynes (1578-1621) à Montauban, ils conservent Montpellier et La Rochelle.

1624

Richelieu (1585-1642), 1er ministre, se fixe 3 buts : Abattre la Maison d'Autriche, ruiner le parti protestant, détruire le pouvoir de la noblesse.

1626

Interdiction des duels, destruction des châteaux forts. Création du Jardin du Roi appelé aujourd'hui Jardin des Plantes.

1627-1628

SIÈGE DE LA ROCHELLE pour empêcher les protestants de recevoir des renforts de l'Angleterre (tranchée de 12 km pour isoler la ville, digue de 1500 m pour isoler le port).

1629

La *Paix d'Alès* donne la liberté de culte, l'égalité civile aux protestants.

1630

Le service des Postes devient public.
Journée des Dupes : échec du complot de la reine mère pour discréditer le cardinal Richelieu.

1631

Création de la *Gazette* de Théophraste Renaudot (1586-1653), 1er hebdomadaire pour informations et annonces.

1632-1636

Lutte contre les seigneurs conduite par Gaston d'Orléans (1608-1660), frère du roi.

1635

Fondation de l'Académie française.

1635-1648

GUERRE DE TRENTE ANS : Princes allemands et États protestants en lutte contre la maison d'Autriche catholique depuis 1618.
4 périodes portant le nom des princes dirigeants : Palatine, Danoise, Suédoise, *FRANÇAISE.*
CAUSE IMMÉDIATE : L'Espagne alliée à la maison d'Autriche s'empare de Trèves, protectorat français.

1640

Création du Louis, pièce d'or 22 carats avec l'effigie du roi.

1640

Parution de l'Augustinus, base de la doctrine janséniste, par l'évêque Jansénius (1585-1638) : la grâce n'est accordée qu'aux élus de Dieu.

1642

Complot contre la France par Gaston d'Orléans (frère du roi).
Ses complices, Cinq-Mars, de Thou, sont décapités.

1643

Mort de Louis XIII. Régence d'Anne d'Autriche aidée de Mazarin (1602-1661), 1er ministre.

1648

Fin de la guerre de Trente Ans. Victoires de Rocroi, Lens, par le Grand Condé, prince d'Enghein (1621-1686).
Traité de Westphalie : la France garde les évêchés, l'Alsace moins Strasbourg.
La Fronde :
Vieille Fronde parlementaire. Les nobles veulent retrouver leurs prérogatives. *Paix de Rueil :* amnistie pour les Frondeurs.

1649

Jeune Fronde des Princes. Condé passé aux Espagnols. Il est battu par Turenne (1611-1675).

1652

La Grande Mademoiselle, Mlle de Montpensier (1627-1693), fille de Gaston d'Orléans sauve Condé. Elle fait tirer les canons de la Bastille sur les troupes du roi. Fuite de Mazarin.

1653

Fin de la Fronde et de l'exil de Mazarin.

1655

Vincent de Paul fonde la Salpêtrière (asile).

1658

Bataille des Dunes. Turenne bat Condé et les Espagnols.

1659

Traité des Pyrénées. Fin de la guerre contre l'Espagne.
La France reçoit le Roussillon, la Cerdagne, l'Artois, la Lorraine et des places fortes en Flandres.

1660

Mariage de Louis XIV avec l'infante Marie-Thérèse (1638-1684). Les 500 000 écus de dot pour que Louis XIV renonce au trône d'Espagne ne seront jamais payés.

1661

Mort de Mazarin.
Louis XIV (1638-1715), fils de Louis XIII, 54 ans de règne personnel. Début de la construction de Versailles.

1662

Colbert (1619-1683) nommé contrôleur général des finances après la disgrâce de Fouquet (1615-1680).

1664

Création de la Compagnie des Indes occidentales (Antilles).
1re fête à Versailles : l'Ile enchantée, avec la participation de Molière (1622-1673).

1666

Louvois (1641-1691), ministre de la guerre.
Fondation de l'Académie des Sciences.

1667

GUERRE DE DÉVOLUTION (non-paiement de la dot d'Anne d'Autriche) à la mort de Philippe IV (1605-1665), roi d'Espagne.

Calcul du méridien de Paris.

Éclairage aux chandelles des rues de la capitale.

1668

Le *Traité d'Aix-la-Chapelle* donne la Flandre à la France.

1669

Ordonnance de Colbert sur les Eaux et Forêts.

1670

1er bâtard de la Montespan (1641-1707), favorite du Roi. Elle aura 8 enfants dont 6 survivront.

Création de l'hôtel des Invalides pour soldats âgés ou blessés.

1672

La Cour et le gouvernement s'installent à Versailles.

GUERRE DE HOLLANDE pour des raisons économiques (taxes) et politiques.

Passage du Rhin, les Hollandais inondent leur pays.

1676

Affaire des Poisons, exécution de la marquise de Brinvilliers (1630-1676).

Compromission de personnages de la Cour dont la Montespan.

Suspension du procès sur ordre du roi.

1678

Traité de Nimègue. La France reçoit la Franche-Comté, Cambrai et Valenciennes.

J.H. Mansart (1646-1708) bâtit Marly (château de vacances) où étaient les célèbres chevaux de l'abreuvoir sculptés par Coysevox (1640-1720).

1680

Révoltes populaires. Louvois commence les « DRAGONNADES » contre les protestants.

Création de la Comédie-Française.

Fouquet meurt à Pignerol (près de Turin) après 19 ans de détention.

1681

Annexion de Strasbourg.

1682

Déclaration des 4 articles pour diminuer le pouvoir du pape sur le clergé français.

1683

Louis XIV est veuf. Mort de Colbert.

1684

Louis XIV épouse secrètement Mme de Maintenon (1635-1719).

La vie de cour devient austère. Fondation de la maison d'éducation de Saint-Cyr pour les jeunes filles nobles mais pauvres.

1685

RÉVOCATION DE L'ÉDIT DE NANTES. Exil massif des protestants vers la Suisse, la Prusse, l'Angleterre et la Hollande.

1686

Ouverture du Procope, 1er café à Paris.

1688

GUERRE DE LA LIGUE D'AUGSBOURG : Jacques II d'Angleterre (1633-1701) déposé par Guillaume III (1650-1702), stathouder (gouverneur) des Pays-Bas. Louis XIV aide Jacques II, la guerre est déclenchée.

1690

Victoire française à Fleurus.

1692

Victoire française à Steinkerque. Défaite navale à la Hougue subie par Tourville (1642-1701).

GUERRE DE COURSE par les corsaires : Jean Bart (1651-1702), Duguay-Trouin (1672-1736), Surcouf (1773-1827). Ils font la chasse aux navires ennemis et donnent une commission au roi.

Les lettres de course sont abolies en 1856.

1695

Au *Traité de Ryswick* la France perd les villes annexées sauf Strasbourg.

Instauration de la Capitation, impôt extraordinaire pour faire face à la guerre de la ligue d'Augsbourg. Seul le clergé réussit à la racheter. Elle sera perçue jusqu'à la Révolution . Il s'agit d'une somme fixe de 10 000 livres à 20 sols selon les revenus.

1701-1713

GUERRE DE SUCCESSION D'ESPAGNE. Tous les pays sont coalisés (ligue de la Haye) contre la candidature au trône d'Espagne, de Philippe d'Anjou (petit-fils de Louis XIV).

Les principaux adversaires sont le duc de Malborough (Anglais) (1650-1722) et Eugène de Savoie (Autrichien) (1663-1736).

1702

GUERRE DES CAMISARDS dans les Cévennes : les protestants sont dirigés par Jean Cavalier (1680-1740). Le maréchal de Villars (1653-1734) termine le conflit.

1703

Mort du Masque de fer à la Bastille. Mort de Vauban (1633-1703), spécialiste en fortifications et créateur de plusieurs ports dont Strasbourg.

1708

Défaites d'Oudenaarde et Malplaquet.

1709

Les religieuses de Port-Royal-des-Champs, jansénistes, sont expulsées. L'abbaye sera rasée.
Instauration de l'impôt du dixième (10 %).

1710

Victoire de Villaviciosa. Le duc d'Anjou (1683-1746) devient roi d'Espagne sous le nom de Philippe V.

1713

Traité d'Utrecht. Fin de la guerre de Succession d'Espagne. La France cède à l'Angleterre Terre-Neuve, l'Acadie, la baie d'Hudson.

1714

Fondation des haras du Pin (Normandie).

1715

Mort de Louis XIV.

LA RÉGENCE
1715-1723

PHILIPPE II D'ORLÉANS (1674-1723), neveu du roi défunt assure la Régence avec, comme 1er ministre, le cardinal Dubois (1656-1723).
Il gouverne selon la Polysynodie (les ministres sont remplacés par des conseils de 10 membres).

1716

Law (1671-1729), banquier écossais, crée une banque au capital de 6 millions de francs en 1200 actions (papier monnaie).

1717

Création de la Compagnie d'Occident pour exploiter les richesses du Mississipi.
Monopole du commerce avec la Chine et les Indes.

1720

Banqueroute du système Law : émission de 7 à 8 milliards de billets pour 1200 millions de réserves de métal.
Grande épidémie de peste à Marseille, dévouement de Mgr Belsunce (1671-1755).

1721

Création de la 1re loge maçonnique à Dunkerque selon les idées venues de Grande-Bretagne.
Construction de l'hôtel Matignon, présidence du Conseil depuis 1935.

1722

Construction du palais Bourbon, assemblée nationale, appelé Chambre des députés en 1829.

1723

LOUIS XV le Bien-Aimé (1710-1774), arrière-petit-fils de Louis XIV, 51 ans de règne personnel.

1724

1re bourse parisienne avec le monopole des agents de change.

1725

Mariage de Louix XV et de Marie Leszczynska (1703-1768). Ils auront 10 enfants dont un seul fils survivra (Louis † 1765).

1726

Le cardinal de Fleury (1653-1748) devient 1er ministre.
Fixation du cours des monnaies jusqu'en 1789 (1 Louis vaut 24 livres).
Création de la Ferme générale des Impôts concédée pour 6 ans.

1730

Création du 1er salon littéraire par la marquise du Deffand (1697-1780).

1733

GUERRE DE SUCCESSION DE POLOGNE. Louis XV ne sauve pas les droits de son beau-père Stanislas Leszczynski (1677-1766).

1735

La Condamine (1701-1774) va en Amérique déterminer la figure de la terre à l'équateur et au pôle.

1738

Orry (1689-1747), contrôleur général des Finances, réglemente la corvée royale pour l'entretien des routes.
Traité de Vienne : fin de la guerre de Succession de Pologne.
Stanislas Leszczynski sera duc de Lorraine jusqu'à sa mort.

1740-1748

GUERRE DE SUCCESSION D'AUTRICHE pour reconnaître les droits au trône de Marie-Thérèse (1717-1780), fille de l'empereur d'Allemagne Charles VI (1685-1740). La France, la Prusse, l'Espagne entrent en guerre contre l'Autriche, les Pays-Bas et l'Angleterre.

1745

Victoire de FONTENOY (Belgique). Prise de Namur, de Bruxelles.
Jeanne Antoinette Poisson (1721-1764), maîtresse de Louis XV, devient marquise de Pompadour.

1748

Traité d'Aix-la-Chapelle. Fin de la guerre de Succession d'Autriche. Aucun bénéfice pour la France. « Nous ne faisons pas la guerre en marchand, mais en roi » (Louis XV).

1749

Institution de l'impôt du vingtième (20 %).

1750

Exploitation des mines de charbon du Creusot.

1751

1er tome de l'*Encyclopédie* de Diderot (1713-1784) et d'Alembert (1717-1783). Dernier tome paru en 1780.

1754

Aménagement de la place Louis XV par Gabriel (1688-1782), aujourd'hui appelée place de la Concorde.

1755

Les Indes conquises par Dupleix (1697-1763) et La Bourdonnais (1688-1755) passent aux Anglais.

1756-1763

GUERRE DE SEPT ANS contre les Anglais sur mer à cause de la piraterie et de la concurrence commerciale.

1757

Attentat manqué de Damiens (1715-1757) contre Louis XV.

1758

Les Anglais attaquent Saint-Malo, Cherbourg, Saint-Brieuc. La France abandonne la traite des Noirs au Sénégal.

1759

Montcalm (1712-1759) est battu au Canada.

1761

Pacte de famille : tous les Bourbons se coalisent contre l'Angleterre pour l'obliger à faire la paix.

1762

Les Jésuites trop puissants menacent le royaume. Choiseul (1719-1785) les bannit.
Construction du Petit Trianon.

1763

Traité de Paris : fin de la guerre de Sept Ans. La France perd le Canada, le Sénégal, elle conserve 5 comptoirs aux Indes.

1764

Construction du Panthéon par Soufflot (1713-1780).

1766

Mort de Stanislas Leszczynski. La Lorraine devient française.
Voyage autour du monde par le comte de Bougainville (1729-1811) pendant 3 ans.

Gênes cède la Corse à la France contre 40 millions de livres.

Résistance des Corses menés par Pascal Paoli (1725-1807).

Jeanne Bécu (1744-1793) devient comtesse du Barry, favorite de Louis XV.

Découverte du kaolin pour fabriquer la porcelaine, à Saint-Yriex en Haute-Vienne.

1770

Disgrâce de Choiseul remplacé par l'incapable Maupeou (1714-1792). Agitation populaire à cause de la cherté du blé.

1771

Cugnot (1725-1804) conçoit son fardier à vapeur qui roule à 4 km/h.

1773

Le Grand Orient de France (loge maçonnique) est introduit en France par le duc de Chartres ou Philippe Égalité (1747-1793), cousin du roi.

1774

Louis XVI (1754-1793), petit-fils de Louis XV, 18 ans de règne.

Il avait épousé en 1770 Marie Antoinette d'Autriche (1755-1793).

1775

La Guerre des Farines est déclenchée par l'Édit de libre circulation des grains de Turgot (1727-1781), ministre des finances de Louis XVI.

1776

Abolition de la corvée contre une taxe.

Suppression des corporations et jurandes (contrôle des métiers).

Création d'un impôt unique.

1777

Le marquis de La Fayette (1754-1834) part pour la guerre d'Iindépendance de l'Amérique.

Parution du 1er quotidien : le *Journal de Paris*. Il durera jusqu'en 1819.

1778-1783

Période difficile. Renvoi du ministre Necker (1732-1804).

D'Ormesson (1681-1756), Calonne (1734-1802) se suc-
cèdent sans trouver de solution aux problèmes financiers.

1779

Affranchissement des derniers serfs.

1780

Abolition de la question préparatoire (torture).

1782

1er centre métallurgique au Creusot.

1783

Traité de Versailles. Fin de la guerre d'Indépendance
d'Amérique, 13 colonies confédérées.

1784

Enceinte des fermiers généraux ou Barrière d'octroi à
Paris construite par N. Ledoux (1736-1806).

1785

Affaire du Collier de la Reine. Collier exécuté par les
joailliers Boelmer et Bessange, estimé à 1 600 000 nouveaux francs.

1786

Le 8 août, 1re ascension du Mont-Blanc par le guide
Balmat (1762-1834) et le docteur Paccard (1757-1827).
Introduction des moutons mérinos à Rambouillet.

1787

Le parlement refuse d'entériner les Édits de répartition
des charges. Il est exilé à Troyes.

LA RÉVOLUTION
ET LA Ire RÉPUBLIQUE
1789-1795

1789

5 mai : plus de 1000 députés élus participent à l'ouverture
des états généraux à Versailles.
20 juin : serment du Jeu de Paume par Mirabeau
(1749-1791).
La Fayette commande la Milice parisienne.

9 juillet : début de l'Assemblée nationale constituante.

14 juillet : prise de la Bastille.

17 juillet : le roi accepte la cocarde tricolore.

4 août : abolition des privilèges. Libertés de presse et de religion.

26 août : déclaration des Droits de l'homme et du citoyen.

6 octobre : la famille royale est ramenée à Paris.

1790

Division de la France en 83 départements.

Vente des biens nationaux (ceux du clergé et de la noblesse).

Constitution civile du clergé.

Suppression des titres de noblesse.

14 juillet : fête de la Fédération au Champ-de-Mars.

Décret sur l'institution des Poids et Mesures.

1791

Mort de Mirabeau : 1er grand homme inhumé au Panthéon.

Création du drapeau tricolore.

Adoption de la guillotine inventée par le docteur Guillotin (1738-1814).

22 juin : fuite du roi et de sa famille. Arrestation à Varennes (Meuse).

Avignon et le comtat Venaissin (possessions du pape) réunis à la France.

Septembre : fin de l'Assemblée nationale constituante, remplacée par l'Assemblée législative (septembre 91 à octobre 92) avec 745 députés.

1791

Accord de Pilnitz en vue de défendre le roi. L'Autriche et la Prusse se coalisent contre la France.

1792

1re séance de la Convention.

La France déclare la guerre et proclame la patrie en danger.

Manifeste de Brunswick anti-révolutionnaire.

10 août : massacre des Tuileries. Le roi est suspendu, il est, avec sa famille, enfermé dans le donjon du Temple.

1res exécutions à la guillotine : les députés girondins.

Rouget de l'Isle (1760-1836) crée le chant de guerre pour l'Armée du Rhin appelé la Marseillaise parce que chanté par les volontaires marseillais.

Sécularisation de l'état civil. Loi sur le divorce.

La majorité est fixée à 21 ans.

Les dénominations Monsieur, Madame sont remplacées par citoyen, citoyenne.

21 septembre : proclamation de la Ire République. Pas de président.

Victoires de VALMY sur les Prussiens et de JEMMAPES sur les Autrichiens.

1793

21 janvier : exécution de Louis XVI

1RE COALITION : toute l'Europe liguée contre la France qui lève une armée de 300 000 volontaires.

Création du tribunal révolutionnaire et du comité de Salut Public.

Assassinat du journaliste Marat (1743-1793) par Charlotte Corday (1768-1793).

Bonaparte s'illustre en reprenant Toulon aux Anglais.

GUERRE DE VENDÉE anti-républicaine menée par Larochejaquelein (1772-1794).

Loi du Maximum (taxation des denrées de première nécessité).

Adoption du calendrier révolutionnaire, œuvre de Fabre d'Églantine (1750-1794).

16 octobre : exécution de Marie-Antoinette. Régime de Terreur. Violation des tombeaux royaux à Saint-Denis.

1er essai du télégraphe optique inventé par Chappe (1763-1805).

1794

Massacres à Nantes par Carrier (1756-1794) et à Bordeaux par Tallien (1767-1820). 47 jours de Grande Terreur. 137 condamnations à mort : Hébert (1757-1794), Danton (1759-1794), Desmoulins (1760-1794)...

Fête de l'Être Suprême, religion imaginée par Robespierre (1758-1794).

Succès des armées de la République à Fleurus, Ypres, Bruxelles, Namur et Anvers.

27 juillet ou 9 Thermidor, chute de Robespierre. Fin de la Terreur.

Création du Conservatoire des arts et métiers, de l'École normale, et de l'École des travaux publics, future école polytechnique.

1795

Division de Paris en 12 arrondissements.
Terreur Blanche anti-républicaine surtout dans le Sud-Est.
Suppression du tribunal révolutionnaire.
Mort du Dauphin (Louis XVII) né en 1785.
Bonaparte, le 13 Vendémiaire (5 octobre), mate une insurrection royaliste.
Décret instaurant le système décimal (qui attendra un demi-siècle avant d'être vulgarisé).
Création de l'Institut de France et du Conservatoire de musique.
Octobre : fin de la Convention.

DIRECTOIRE
1795-1799

1795

1er novembre : le **DIRECTOIRE** avec Conseil des Anciens, Conseil des Cinq-Cents le directoire exécutif, s'installe au Luxembourg.
Carnot (1753-1823) organise 3 armées pour abattre l'Autriche : Rhin et Moselle avec Moreau (1763-1813), Sambre et Meuse avec Jourdan (1762-1833) et Hoche, Italie avec Bonaparte.
Création du ministère de la police.
Hoche (1768-1797) termine la guerre de Vendée. Stofflet (1751-1796) et Charette (1763-1796) sont fusillés.
Bonaparte (1769-1821) remporte ses premières victoires en Italie : Mondovi, Lodi, Castiglione, Arcole, Rivoli.

1797

Coup d'État du 18 Fructidor (4 novembre) contre les opposants au Directoire.
Traité de Campoformio : fin de la campagne d'Italie.
L'Autriche abandonne les Pays-Bas, les pays d'Empire jusqu'au Rhin. Création de la république Cisalpine.

1798

Les républicains italiens se soulèvent. Le Directoire occupe Rome qui devient 2e capitale de France. L'héritier du pays sera le roi de Rome.
Par la loi Jourdan le service militaire devient obligatoire.

CAMPAGNE D'ÉGYPTE menée par Bonaparte. Prise de Malte et d'Alexandrie. Bataille des PYRAMIDES (21 juillet), désastre naval d'Aboukir infligé par Nelson (1758-1805).

1799

Occupation de Naples par Championnet (1762-1800). Fondation de la République parthénopéenne (Naples). L'Europe se coalise contre Bonaparte qui continue la campagne d'Égypte : Prise de Saint-Jean-d'Acre et du mont Thabor. Kléber (1753-1800) continue la lutte sans succès. Bonaparte rentre à Paris.

Coup d'État du 18 Brumaire (9 novembre).

CONSULAT
1800-1804

1799

Constitution de l'An VIII de la République (24 décembre).

3 Consuls: BONAPARTE, Cambacérès (1753-1824), Le Brun (1739-1824) avec un Sénat de 60 membres, Un Tribunat de 100 membres et un Corps législatif de 300 membres.

1800

Division de la France en préfectures et arrondissements. Bonaparte s'installe aux Tuileries.

Attentat de la rue Saint-Nicaise contre Bonaparte.

2e COALITION formée de l'Angleterre, l'Autriche, la Suède, la Russie et la Turquie.

Paix de Lunéville. La France reçoit la Belgique, la rive gauche du Rhin. Les Turcs sont battus à Héliopolis (Égypte).

1801

Concordat avec le pape. La religion catholique est celle de la majorité des Français.

Au recensement 27 349 000 habitants.

1802

Bonaparte est reconnu Consul à vie.

Création de la Légion d'honneur pour services militaires et civils.

Création des lycées de garçons.

Le Piémont (Italie) réuni à la France forme 5 départements.

1803

Création du Franc germinal (5 g d'argent ou 322,5 mg d'or).

Évacuation de Saint-Domingue après les révoltes fomentées par Toussaint Louverture (1743-1803).

1804

Complot de Cadoudal (1771-1804).

Assassinat du duc d'Enghein (1772-1804) à Vincennes pour effrayer les royalistes.

PREMIER EMPIRE
1804-1814

(1 empereur)

1804

Sacre de Napoléon Ier (1769-1821), fils de Charles de Bonaparte (1746-1785) et Letizia Ramolino (1750-1838).

Le couple a eu 11 enfants.

Le 2 décembre, sacre à N. Dame par le pape Pie VII.

Promotion de 18 généraux au grade de maréchal.

Code civil appelé aussi Code Napoléon.

Fin du calendrier républicain, il a duré 13 ans.

1805

Napoléon couronné roi d'Italie à Milan..

3e COALITION : 2 décembre victoire d'AUSTERLITZ, bataille des 3 Empereurs : Napoléon, François II d'Autriche (1768-1835), Alexandre Ier de Russie (1777-1825).

Défaite navale de TRAFALGAR infligée par Nelson.

1806

Joseph (1768-1844) et Louis (1778-1846), frères de Napoléon, sont respectivement nommés roi de Naples et de Hollande.

4e COALITION : Victoires françaises à Iéna et Eylau. Instau-

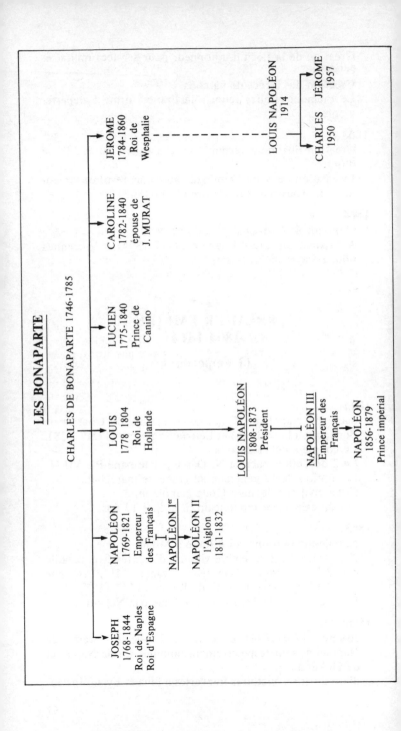

LES BONAPARTE

CHARLES DE BONAPARTE 1746-1785

JOSEPH
1768-1844
Roi de Naples
Roi d'Espagne

NAPOLÉON
1769-1821
Empereur
des Français

NAPOLÉON Iᵉʳ

NAPOLÉON II
l'Aiglon
1811-1832

LOUIS
1778 1804
Roi de Hollande

LOUIS NAPOLÉON
1808-1873
Président

NAPOLÉON III
Empereur des
Français

NAPOLÉON
1856-1879
Prince impérial

LUCIEN
1775-1840
Prince de
Canino

CAROLINE
1782-1840
épouse de
J. MURAT

JÉROME
1784-1860
Roi de
Wesphalie

LOUIS NAPOLÉON
1914

CHARLES
1950

JÉROME
1957

ration du BLOCUS CONTINENTAL : fermeture des ports européens aux navires anglais d'où l'obligation de conquérir de nouveaux pays pour le faire respecter.

1807

Entrevue de Tilsit (sur le Niémen) entre Napoléon et Alexandre Ier. Le tsar s'engage à respecter le Blocus et à faire la guerre à l'Angleterre.
Jérôme (1784-1860), frère de Napoléon, roi de Westphalie. Échec de la guerre au Portugal menée par Junot (1771-1813), Soult (1769-1851) et Masséna (1758-1817).

1808

Joseph devient roi d'Espagne. Le pays se soulève contre la France.
Entrevue d'Erfurth (Allemagne). Napoléon cède au tsar la Finlande, la Moldavie et la Valachie.

1809

5e COALITION : victoire de WAGRAM (Autriche). L'Autriche accepte la *paix de Schönbrunn*. Elle n'a plus d'accès à la mer et doit payer 85 millions de francs d'indemnité.
Murat (1767-1815), roi de Naples, passe aux Autrichiens.
Napoléon divorce de Joséphine Tasher de la Pagerie (1763-1814), mère de 2 enfants nés d'un premier mariage : Eugène (1781-1824) et Hortense (1783-1837) de Beauharnais.

1810

Défaites françaises en Espagne.
Napoléon épouse Marie-Louise d'Autriche (1791-1847).

1811

Naissance de François, Charles, Joseph, Napoléon Bonaparte, roi de Rome, duc de Reichstadt, appelé l'Aiglon. Il meurt en Autriche en 1832 sans avoir été Napoléon II.

1812

CAMPAGNE DE RUSSIE (600 000 hommes mobilisés). Victoires françaises à Smolensk, Borodino et la Moskova.
14 septembre : entrée à Moscou. La ville est incendiée sur ordre du gouverneur Rostopchine (1763-1826), père de la comtesse de Ségur (1799-1874).
19 octobre, Retraite de Russie.
26-29 novembre, Passage de la Bérézina. Le général Eblé (1758-1812) établit les ponts.
Bilan de la campagne : 500 000 tués.

EUROPE A L'ÉPOQUE NAPOLÉONIENNE

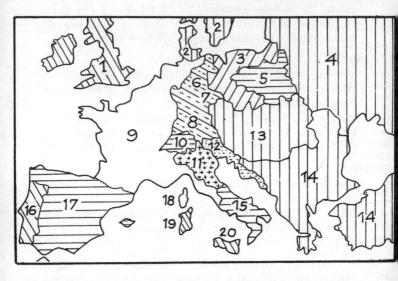

France aux 130 départements		Royaume d'Italie	
Provinces rattachées à la France		Prusse occupée	
Europe non napoléonienne		Confédération du Rhin	
Pays protégés		Pays hostiles	

1. Grande-Bretagne
2. Scandinavie
3. Royaume de Prusse
4. Empire Russe
5. Grand duché de Varsovie
6. Wesphalie   Confédé-
7. Saxe   ration
8. Bavière   du Rhin
9. Empire Français
10. Suisse

11. Royaume d'Italie
12. Provinces Illyriennes
13. Empire d'Autriche
14. Empire Ottoman
15. Royaume de Naples
16. Royaume du Portugal
17. Royaume d'Espagne
18. Corse Française
19. Royaume de Sardaigne
20. Royaume de Sicile

MARÉCHAUX D'EMPIRE

Promotion 1804

Augereau	1757-1816	Duc de Castiglione
Bernadotte	1763-1844	Adopté par le roi de Suède Charles XIII
Berthier	1753-1815	Prince de Neuchatel et de Wagram
Bessières	1768-1813	Duc d'Istrie
Brune	1763-1815	
Davout	1770-1823	Duc d'Averstaedt, prince d'Eckmühl
Jourdan	1762-1833	
Kellermann	1735-1820	Duc de Valmy
Lannes	1769-1809	Duc de Montebello
Lefèbvre	1755-1820	Duc de Dantzig, époux de Catherine Hubscher, Mme Sans Gêne
Masséna	1758-1817	Duc de Rivoli, prince d'Essling
Moncey	1754-1842	Duc de Conégliano
Mortier	1768-1835	Duc de Trévise
Murat	1767-1815	Grand duc de Berg. Roi de Naples
Ney	1769-1815	Duc d'Elchingen, prince de la Moscova. Brave des Braves.
Pérignon	1754-1818	né Marquis
Serrurier	1742-1819	né Comte
Soult	1769-1851	Duc de Dalmatie

Promotion 1807

Victor	1766-1841	Duc de Bellune

Promotion 1809

Macdonald	1765-1840	Duc de Tarente
Marmont	1774-1852	Duc de Raguse
Oudinot	1767-1847	Duc de Reggio

Promotion 1811

Suchet	1772-1826	Duc d'Albuféra

Promotion 1812

Gouvion St-Cyr	1764-1830	né Marquis

Promotion 1813

Poniatowski	1763-1813	né Prince

Promotion 1815

Grouchy	1766-1847	né Marquis
Moreau	1763-1813	Refuse la légion d'honneur. N'a jamais accepté la nomination de maréchal.

Démêlés avec le pape Pie VII qui ne respecte pas le Blocus continental. Le pape est prisonnier à Fontainebleau sur l'ordre de l'Empereur.

1813

6ᵉ COALITION : toute l'Europe est liguée contre la France. Victoire de Leipzig. Les coalisés passent le Rhin. Invasion.

1814

CAMPAGNE DE FRANCE, les victoires de Champaubert, Montmirail, Montereau ne sauvent pas la France.
30 mars : les coalisés entrent dans Paris.
6 avril : abdication de Napoléon. *Traité de Paris,* la France retrouve les frontières de 1792. L'Empereur est envoyé à l'île d'Elbe près de la Corse.

1ʳᵉ RESTAURATION
1814-1815
LES BOURBONS

1815

LOUIS XVIII (1755-1824), comte de Provence, frère de Louis XVI, 9 ans de règne. Il revient de son exil en Angleterre.
mars : Napoléon s'enfuit de l'île d'Elbe, débarque à Golfe, Juan et remonte vers Paris par la « route Napoléon »
Ney (1769-1815), venu pour l'arrêter, se rallie à l'Empereur à Lyon.
Louis XVIII s'enfuit en Belgique. Il est baptisé « notre père de Gand ».

LES CENT-JOURS
20 MARS 1815-22 JUIN 1815

7ᵉ COALITION : au *Traité de Vienne* Napoléon est déclaré hors la loi.

18 juin : l'Europe réunie inflige à Napoléon la défaite de WATERLOO (Belgique).
2ᵉ abdication en faveur de son fils.
L'Empereur partira à Sainte-Hélène (île anglaise dans l'Atlantique à l'ouest de l'Afrique centrale).

2ᵉ RESTAURATION
BOURBONS
AOÛT 1815-1848

(2 rois)

1815
Retour de LOUIS XVIII aux Tuileries.
Licenciement de l'armée impériale.
Terreur blanche déclenchée par les royalistes.
Sainte Alliance : traité signé entre Alexandre Iᵉʳ (orthodoxe), François II d'Autriche (1768-1835) (catholique) et Frédéric-Guillaume III (1770-1840) (protestant).
Gouvernement difficile avec une Chambre introuvable.

1816
Ordonnance royale sur les 4 académies : Académie française, des inscriptions et belles-lettres, sciences, beaux-arts. Elles forment l'Institut.
Abolition du divorce.

1818
Institution de la caisse d'épargne par Benjamin Delessert (1773-1847) et le duc de La Rochefoucauld-Liancourt (1747-1827).
Le curé d'Ars, Jean-Baptiste Vianney (1786-1859), commence son ministère. Il sera canonisé en 1925.
Retrait des troupes d'occupation de la 7ᵉ coalition.

1820
Assassinat du duc de Berry (1778-1820) par Louvel (1783-1820). Ce dernier descendant des Bourbons laisse un fils posthume, le duc de Bordeaux.

1821
Gouvernement ultra-royaliste avec le ministre Villèle (1773-1854).

1822

Exécution des 4 sergents de La Rochelle suspectés de complot et rébellion.

1824

Élection d'une « Chambre retrouvée » à majorité de droite au suffrage censitaire. Le cens est un impôt. Payer 300 francs d'impôt permet un double vote pour les riches.

1824

CHARLES X (1757-1836), comte d'Artois, 2e frère de Louis XVI, 6 ans de règne. Dernier roi sacré à Reims.

1825

Loi sur le Milliard des émigrés, remboursable en 5 ans, pour avaliser la vente des Biens nationaux de 1790.

1827

Chute du ministère Villèle, l'opposition gagne du terrain.

1828

Ministère Martignac (1778-1832). Il tente vainement de réconcilier bourgeoisie libérale et Bourbons.
1er omnibus à Paris.

1830

Cinq ordonnances vont déclencher la révolution : suspension de la liberté de la presse, dissolution de la Chambre, modification de la loi électorale, convocation des électeurs pour septembre, nomination de hauts fonctionnaires royalistes.
27-28-29 juillet : les Trois Glorieuses. Charles X s'enfuit.

MONARCHIE DE JUILLET
1830-1848
BOURBONS-ORLÉANS

(1 roi)

1830

LOUIS-PHILIPPE Ier (1773-1850), fils de Philippe Égalité, cousin de Louis XVI, 17 ans de règne. Roi des Français.
Il gouverne avec Guizot (1787-1874)
Début de la conquête de l'Algérie.

1831

Le cens est abaissé à 200 francs.

Révolte des Canuts : ouvriers de la soie à Lyon. Leurs salaires sont trop bas.

1832

Complot légitimiste en faveur du fils du duc de Berry ou duc de Bordeaux (1820-1883). Les royalistes voulaient qu'il soit Henri V. Il n'a jamais régné.

1834

Massacre de la rue Transnonain : riposte à une émeute provoquée par la société des Droits de l'homme.

1835

1er attentat contre Louis-Philippe par Fieschi suivi de 4 autres par Alibaud, par Meunier en 1836, par Lecomte et Henri en 1846.

1836

Louis Napoléon Bonaparte tente un coup d'État à Strasbourg. Exil vers le Brésil, les U.S.A., la Suisse et l'Angleterre.

1837

Traité de Tafna avec l'émir rebelle algérien Abd el-Kader (1807-1883).

Chemin de fer Paris-Le Pecq commandité par les banquiers Rothschild et Péreire.

1838

1er daguerréotype, ancêtre de la photo, mis au point par Daguerre (1787-1851).

1839

Le général Bugeaud (1784-1849) continue la conquête de l'Algérie (la casquette du Père Bugeaud).

1840

Louis Napoléon débarque à Boulogne. Arrêté, il est enfermé au fort de Ham (Somme).

Retour des cendres de Napoléon Ier. Tombeau aux Invalides. Début de la restauration des monuments du Moyen Age par l'architecte Viollet-le-Duc (1814-1879).

1842

Sept lignes de chemin de fer rayonnant autour de Paris sont exploitées par des compagnies privées.

1843

Prix de la Smala d'Abd el-Kader par le duc d'Aumale (1822-1897), fils de Louis-Philippe.

1846

Louis Napoléon Bonaparte s'évade du fort de Ham.

1847

Soumission totale d'Abd el-Kader. 109 000 colons sont installés dans l'Algérie française.
Les réunions publiques sont interdites. On organise 71 banquets pour les remplacer.

1848

Un banquet interdit par Guizot déchaîne la révolution.
Abdication de Louis Philippe. Pillage des Tuileries. Institution d'un gouvernement provisoire de 11 membres.

2ᵉ RÉPUBLIQUE
1848-1852

(1 président)

1848

LOUIS NAPOLÉON BONAPARTE (1808-1873), neveu de Napoléon Iᵉʳ. Premier président de la République pour 4 ans.
Il a le pouvoir exécutif. Une assemblée élue au suffrage universel masculin détient le pouvoir législatif.
Création des Ateliers nationaux pour les sans travail. Leur suppression fait éclater des insurrections châtiées par des déportations en Algérie.
La journée de travail est fixée à 10 h à Paris, à 11 h en province.
Abolition de l'esclavage.

1850

Lois Falloux (1811-1886) autorisant l'enseignement confessionnel pour le primaire et le secondaire.
Presse taxée. Restriction du suffrage universel par 3 ans de résidence dans la commune.

1851

2 décembre : Coup d'État contre l'opposition, monté par Louis Napoléon avec son demi-frère le duc de Morny (1811-1865). Par plébiscite l'Empire est adopté.

SECOND EMPIRE
1852-1870

(1 empereur)

1852

NAPOLÉON III (1808-1873), surnommé le Petit par Victor Hugo, 18 ans de pouvoir dont 8 d'Empire autoritaire avec la presse censurée.

1853

Mariage avec Eugénie de Montijo de Guzman, comtesse de Teba (1826-1920).
Leur fils, le Prince Impérial (1856-1879), ne régnera pas.
Début des grands travaux d'urbanisme à Paris par le préfet Haussmann (1809-1891).
La France occupe la Nouvelle-Calédonie.

1854

GUERRE DE CRIMÉE ou d'Orient. La France et l'Angleterre contre la Russie.
CAUSES : la France veut implanter le catholicisme en Orient, l'Angleterre veut des bases en Méditerranée.
La Russie veut s'emparer des détroits du Bosphore et des Dardanelles.
20 septembre : victoire de l'ALMA sur les Russes.
Le Cambodge appelle la France à l'aide pour lutter contre le Siam qui deviendra l'Indochine française puis la Thaïlande.

1855

Mac-Mahon (1808-1893) s'empare de Sébastopol après un siège de 11 mois.
1re Exposition universelle à Paris.

1856

Fin de la guerre de Crimée. *Traité de Paris :* aucun avantage pour la France.

1858

Attentat d'Orsini (1819-1859) contre l'empereur.

A Lourdes, la Vierge apparaît pour la première fois à Bernadette Soubirous (1844-1879).

Entrevue de Plombières (Vosges) entre Napoléon III et Cavour (1810-1861), 1er ministre du royaume Piémont-Sardaigne en vue de chasser les Autrichiens d'Italie.

1859

GUERRE CONTRE L'AUTRICHE. Victoires françaises à Montebello, Magenta, Solférino. A la suite de cette bataille, création de la Croix-Rouge par le Suisse Henri Dunant (1828-1910).

Traité de Zurich : La France reçoit une partie de la Lombardie.

1860

Traité de Turin : la France obtient Nice et la Savoie.

Adolphe Thiers (1797-1877) fonde l'Union libérale.

Les débats de l'Assemblée sont publiés au Journal officiel.

1863

Victor Duruy (1811-1894) crée l'enseignement d'état pour les filles.

Fondation du Crédit Lyonnais par le financier H. Germain.

Pendant l'expédition du Mexique, patronnée par Napoléon III, la Légion étrangère remporte la victoire de CAMERONE. La fête de la Légion est fixée au 30 avril depuis cette date.

1864

Fin de l'expédition du Mexique. Maxilimien d'Autriche (1832-1867) prétendant à l'empire mexicain sera fusillé à Queretaro.

1867

Droit d'interpellation à la Chambre, liberté de la presse, liberté de réunion.

1868

Loi sur le service militaire. La 1re partie du contingent fait 9 ans dont 5 de réserve, la 2e partie 5 ans dans la Garde nationale.

1869

Inauguration du canal de Suez après 10 ans de travaux

dirigés par Ferdinand de Lesseps (1805-1894). Le trajet Londres-Bombay est raccourci de 8 000 km.

1870

GUERRE CONTRE LA PRUSSE.

CAUSES : — Bismarck (1815-1898) 1er ministre du royaume de Prusse veut faire l'unité allemande.

L'impératrice Eugénie veut la victoire pour assurer la succession de son fils.

La dépêche d'Ems relative à la succession au trône d'Espagne, vacant depuis 1868, est jugée insultante par la France. Le candidat était Léopold de Hohenzollern, cousin du roi de Prusse.

ADVERSAIRES : la France contre la Prusse.

FAITS : 1) GUERRE ÉCLAIR : Mac-Mahon est battu à Wisembourg, Reichshoffen, Froeschwiller.

Bazaine (1811-1888) vaincu à Forbach s'enferme dans Metz.

Napoléon III, assiégé à SEDAN, doit capituler le 1er septembre.

Siège de BELFORT, défense héroïque de Denfert-Rochereau (1823-1878).

Statue du lion, œuvre de Bartholdi (1834-1904).

2) SIÈGE DE PARIS du 19 septembre 1870 au 28 janvier 1871. Famine dans la capitale. On mange les animaux du zoo.

3 armées tentent vainement de dégager Paris.

L'armée de la Loire avec Bourbaki (1816-1899) et Chanzy (1823-1883).

L'armée du nord avec Faidherbe (1818-1889).

L'armée de l'est avec Denfert-Rochereau.

A Versailles, Thiers préside le gouvernement provisoire. La République est proclamée.

Trochu (1815-1896) devient gouverneur militaire de Paris.

Gambetta (1838-1882) rejoint Tours en ballon avant de gagner Bordeaux. Il voudrait continuer la lutte.

1871

29 janvier : Capitulation de Paris

10 mai : *Traité de Francfort :* indemnité de 5 milliards de francs or à verser à l'Allemagne. Perte des territoires de l'est : la Moselle, Sarrebourg, l'Alsace, la Lorraine. Nous gardons Belfort.

L'Assemblée de Bordeaux revient à Versailles.

LA COMMUNE
MARS A MAI 1871

1871

CAUSES :

— Paris affamé, les Gardes nationaux de Paris appelés Fédérés, privés de solde, refusent les conditions de paix, ils ne veulent pas désarmer.

— Annulation du moratoire sur les loyers.

— Propagande révolutionnaire et occupation allemande.

FORCES EN PRÉSENCE :

Les Fédérés (80 000) menés par Delescluze (1809-1871) contre les Versaillais (100 000) sous les ordres de Mac-Mahon.

LES FAITS :

La municipalité de Paris a pris le nom de Commune. Les Fédérés attaquent. Semaine sanglante du 21 au 28 mai. Les Versaillais reprennent Paris rue après rue. De nombreux bâtiments officiels sont incendiés (Hôtel de ville, Tuileries...). Au cimetière du Père-Lachaise, les derniers Fédérés tombent au pied du mur appelé depuis Mur des Fédérés.

CONSÉQUENCES :

A côté des pertes au combat, plus de 10 000 peines allant de la mort à la déportation en Algérie et en Nouvelle-Calédonie. Parmi les victimes Louise Michel (1830-1905), déportée, et Jules Vallès (1832-1885), écrivain, condamné à mort par contumace.

Paris sera doté d'un régime spécial : pas de maire unique jusqu'en 1977 (Jacques Chirac).

L'état de siège sera maintenu jusqu'en 1876.

27 juin 1871 : une souscription nationale permet de payer la dette de guerre. Fin de l'occupation.

3ᵉ RÉPUBLIQUE
1871-1940

(14 présidents)

1871

ADOLPHE THIERS (1797-1877), président jusqu'en 1873.

1872

Service militaire personnel obligatoire.

1873

Le mandat présidentiel est fixé à 7 ans.

Une coalition monarchiste destitue Thiers malgré son titre de « libérateur du territoire » décerné par l'Assemblée nationale.

MAC-MAHON (1808-1893), 5 1/2 ans de présidence.

1874

Protectorat sur le Tonkin.

1ʳᵉ exposition des peintres impressionnistes. Le journaliste Leroy, dans le journal *le Charivari*, les baptise ainsi à cause d'une toile de Claude Monet (1840-1926) : impression de soleil levant.

1875

Lois constitutionnelles d'H. Walon, père de la 3ᵉ République, député (1812-1904) : 2 Chambres, celle des députés élue au suffrage universel, celle des sénateurs élue au suffrage indirect. Irresponsabilité du Président.

1876

Création du journal *le Petit Parisien.*

1878

3ᵉ Exposition universelle. Construction du Palais du Trocadéro démoli en 1935.

1879

Coalition républicaine obligeant Mac-Mahon à démissionner.

JULES GRÉVY (1807-1891), 9 ans de présidence.

1880

Amnistie des condamnés de la Commune dont celle de Louise Michel (1833-1905), la Vierge rouge.

Le 14 juillet devient fête nationale.

Création du 1ᵉʳ lycée de jeunes filles grâce au député Camille Sée (1827-1919).

Début des travaux du canal de Panama par Ferdinand de Lesseps.

1881

Lois sur les libertés de presse et de réunion.

Loi de Jules Ferry (1832-1893) sur l'enseignement primaire laïc, obligatoire, gratuit de 6 à 13 ans.

Création de l'École Normale à Sèvres.

Protectorat français sur la Tunisie.

1883

Colonisation du Congo, de Madagascar, du Tonkin, de l'Indochine.

1884

Le ministre Waldeck-Rousseau (1846-1904) autorise la formation d'associations et de syndicats ouvriers.

La 1ʳᵉ poubelle est rendue obligatoire à Paris par le préfet E. Poubelle (1831-1907).

La loi Naquet (1834-1916) rétablit le divorce.

1885

Réélection de Jules Grévy.

Louis Pasteur (1822-1895) inocule le 1ᵉʳ vaccin contre la rage.

Mort de Victor Hugo (1802-1885). Il est inhumé au Panthéon.

1886

Création de l'Institut Pasteur.

1887

Jules Grévy démissionne à cause du scandale des décorations provoqué par son gendre.

SADI-CARNOT (1837-1894), 6 1/2 ans de présidence.

1888

Le général Boulanger, général Revanche (1837-1894), mis à la retraite, regroupe les mécontents. Élu député, il recule devant un coup d'État. Il se suicide à Bruxelles.

1889

4ᵉ Exposition universelle. Construction de la Tour Eiffel par l'ingénieur G. Eiffel (1832-1923).

1890

Le 1ᵉʳ mai devient fête internationale des travailleurs. Début de la conquête du Soudan terminée en 1894.

1892

Conquête du Dahomey.
Scandale de Panama à cause du détournement de fonds par les « Chéquards ». Abandon du chantier. Les U.S.A. reprennent les travaux et les terminent en 1903.

1893

L'anarchiste Vaillant (1861-1893) lance une bombe à la Chambre des députés.

1894

Assassinat du président Sadi-Carnot à Lyon par l'anarchiste Caserio (1873-1894).
Le capitaine Dreyfus (1859-1935), accusé de trahison au profit de l'Allemagne, est déporté au bagne de Cayenne en Guyane.
CASIMIR PÉRIER (1847-1907), 6 mois de présidence, n'admet pas le manque de pouvoir du président. Il démissionne.
1ʳᵉ course automobile Paris-Rouen à 21 km/h, gagnée par Panhard-Levassor-Peugeot.

1895

FÉLIX FAURE (1841-1899), 4 ans de présidence.

1896

1ʳᵉ séance cinématographique par les frères Lumière : Louis (1864-1948), Auguste (1862-1954). 1ᵉʳ film de G. Méliès (1861-1938)

1897

Mort de Thérèse Martin (1873-1897) à Lisieux. Elle sera canonisée en 1925 sous le nom de Sainte-Thérèse de l'Enfant Jésus.

1898

Rebondissement de l'Affaire Dreyfus. L'écrivain E. Zola (1840-1902) publie son article « J'accuse ».
La mission Marchand (1863-1934), à Fachoda au Soudan, se heurte aux Anglais commandés par Lord Kitchener (1850-1916).
1ʳᵉ liaison radio, Tour Eiffel-Panthéon.

1899

Dreyfus, innocenté, sera réintégré dans l'armée en 1906.
ÉMILE LOUBET (1838-1929), 7 ans de présidence, après la mort de Félix Faure.

LA BELLE ÉPOQUE
1900-1914

1900

5ᵉ Exposition universelle. Inauguration du métro parisien. Banquet offert à 22 000 maires.

1901

Loi sur les associations proposée par Waldeck-Rousseau.

1902

Réformes de l'enseignement secondaire. Création d'une section sans latin ni grec jusqu'en 3ᵉ.
Fondation de l'Académie Goncourt (10 membres).
Montée de l'anticléricalisme avec le ministère E. Combes (1835-1921).

1903

1ᵉʳ Tour de France cycliste créé par H. Desgranges (1865-1940), gagné par Maurice Garin (1871-1957) en 94 h 30 mn.

1904

Savorgnan de Brazza (1852-1905) explore le Gabon.
Jean-Baptiste Charcot (1867-1936) explore les régions polaires.
Le Dr Schweitzer (1875-1965) fonde une léproserie à Lambaréné au Gabon.
Suppression de l'enseignement confessionnel.

1905

J. Jaurès (1859-1914), socialiste, fonde l'Internationale ouvrière : S.F.I.O. et le journal l'*Humanité*.
Loi Briand (1862-1932), séparation de l'Église et de l'État avec inventaire des biens de l'Église.
Service militaire réduit à 2 ans.
Conférence d'Algésiras, la France a des droits spéciaux sur le Maroc.

1906

La loi Sarrien (1840-1915) institue le repos hebdomadaire.

Catastrophe minière à Courrières (Pas-de-Calais), 1 000 morts.

ARMAND FALLIÈRES (1841-1931), 7 ans de présidence.

Clemenceau (1841-1929) doit réprimer les manifestations chez les mineurs et les viticulteurs.

1908

Loi Loucheur (1872-1931), sur les habitations à bon marché mise en vigueur en 1928.

1909

Blériot (1872-1936) traverse la Manche : Calais-Douvres en 37 minutes.

1910

A. Briand accorde la retraite ouvrière à 65 ans.

Graves inondations à Paris.

1912

Protectorat français au Maroc par la Convention de Fès.

Le maréchal Lyautey (1854-1934) devient résident général jusqu'en 1925.

Naufrage du Titanic pendant la traversée inaugurale.

1913

RAYMOND POINCARÉ (1860-1934), 7 ans de présidence.

Service militaire fixé à 3 ans.

La loi Caillaux (1863-1944) institue l'impôt sur le revenu.

1914

Assassinat du pacifiste Jean Jaurès par Raoul Villain, à Paris, au café du Croissant.

PREMIÈRE GUERRE MONDIALE
1914-1918

1914

CAUSES :

— Question d'Alsace-Lorraine en suspens depuis 1870.

— Problèmes coloniaux au Maroc et en Afrique équatoriale.

— Rivalités économiques entre l'Angleterre et l'Allemagne.

— Expansion russe vers les détroits du Bosphore et des Dardanelles.

— Impérialisme autrichien en Bosnie.

— Assassinat de François Ferdinand d'Autriche (1863-1914) à Sarajevo par Princip (1894-1914) le 28 juin 1914.

FORCES EN PRÉSENCE :

LES ALLIÉS : Triple entente avec la France, l'Angleterre, la Russie, la Serbie.

LES FORCES ADVERSES : Triple alliance avec l'Autriche, l'Allemagne, l'Empire ottoman (Turquie).

DÉCLARATION DE LA GUERRE : Entre le 28 juillet et le 5 août, toute l'Europe occidentale entre en guerre.

1er août, mobilisation générale : de 20 à 24 ans service actif, de 25 à 40 ans armée de réserve, après 40 ans armée territoriale.

3 août : l'Allemagne déclare la guerre à la France.

1re PÉRIODE : Août à novembre 1914.

Août : invasion de la Belgique.

1er septembre le gouvernement se réfugie à Bordeaux.

Du 19 au 27 septembre série de batailles en Picardie, Artois, Flandre et Champagne.

Joffre (1852-1931) gagne la 1re bataille de la MARNE grâce aux 700 taxis réquisitionnés par Galliéni (1849-1916), gouverneur de Paris.

Fin du franc or : les billets ne sont plus convertibles en métal.

2e PÉRIODE : Guerre des Tranchées entre 1915 et 1917. Elles sont creusées sur une ligne : Côte belge, Ypres, Arras, Soissons, Reims, Verdun.

1915

Bataille des DARDANELLES pour assurer la liaison entre les Occidentaux et les Russes. Échec à Gallipoli.

Offensives en Artois, Champagne, Vosges par Joffre avec l'aide du général anglais Haig (1861-1928).

1ers gaz asphyxiants (sulfure d'éthyle dichloré) lancés sur YPRES par les Allemands d'où le nom d'ypérite.

Les sous-marins allemands coulent le paquebot américain Lusitania. Cette attaque décidera les U.S.A. à participer à la guerre.

1916

Terribles combats à VERDUN, Douaumont, Vaux. Philippe Pétain (1856-1951) lance le cri « on les aura ».

VOIE SACRÉE appelée ainsi par R. Dorgelès (1888-1973) : route des renforts entre Bar-le-Duc et Verdun.

L'Italie entre en guerre contre l'Allemagne.

1re utilisation des chars d'assaut par les Britanniques à Flers (Orne).

1917

Mutineries dans l'armée française à la suite des terribles combats du chemin des Dames et de VERDUN.

Entrée en guerre des U.S.A. dont les troupes sont commandées par le général Pershing (1860-1948).

Clemenceau veut continuer la guerre, il sera surnommé le Père la Victoire.

Le haut commandement est attribué à Foch (1851-1929).

1918

3e PÉRIODE : De mars à novembre 1918.

Reprise de la guerre de mouvement. Offensives en Picardie, Flandres. Paris est menacé par le canon Bertha, les avions Gotha et les Zeppelins (dirigeables).

Juillet 1918 : 2e victoire de la Marne.

Août-novembre : grande BATAILLE DE FRANCE, les places sont reprises les unes après les autres.

En Allemagne la situation intérieure difficile entraîne le repli des troupes.

Abdication de Guillaume II (1859-1941), empereur d'Allemagne.

11 novembre : armistice signé à *Rethondes* en forêt de Compiègne

1919

Traité de Versailles : la France récupère l'Alsace et la Lorraine, les gisements de houille de la Sarre en dédommagement de la destruction des mines du Nord et la réparation des dommages civils.

BILAN : 1,5 million de morts, 60 000 invalides, 750 000 orphelins, épidémie de grippe espagnole, conséquence de la sous-alimentation. La démobilisation engendre le chômage.

Journée de travail réduite à 8 h.

Création de la Société des Nations (S.D.N.) pour éviter un nouveau conflit.

1920

PAUL DESCHANEL (1855-1922), 7 mois de présidence, démissionne pour des raisons de santé.

Fête officielle de Jeanne d'Arc fixée au 2e dimanche de mai.

ALEXANDRE MILLERAND (1859-1943), 4 ans de présidence, démissionne.

1921

La population française est estimée à 37 500 000 habitants.

Période d'instabilité : lutte entre les partis politiques.

Affaire Landru (1869-1922). Il a assassiné et brûlé 10 femmes.

1923

Occupation de la Ruhr pour compenser les dommages de guerre impayés par l'Allemagne.

1924

Cartel des Gauches : socialistes et radicaux.

GASTON DOUMERGUE (1863-1937), 7 ans de présidence.

Instabilité ministérielle : en 15 mois 6 ministères.

1925

Accords de Locarno pour renforcer le Traité de Versailles entre la France, la Belgique, l'Angleterre, l'Italie et l'Allemagne.

Exposition des arts décoratifs à Paris.

1927

Nungesser (1832-1927) et Coli (1881-1927) disparaissent dans l'Atlantique.

Le Franc Poincarré, dévalué de 1/5 par rapport au Franc germinal de 1801.

La durée du service militaire passe à 1 an.

Assurances sociales obligatoires pour les salariés de l'industrie et du commerce.

1929

Jeudi noir : krach boursier aux U.S.A.

1930

Évacuation de la Ruhr grâce au plan Young : les Allemands payent leur dette.

Maginot (1877-1932) alors ministre de la guerre fait voter la construction de la ligne Maginot.

1re liaison aéropostale France-Amérique du Sud par Mermoz (1901-1936).

Les aviateurs Costes (1892-1973) et Bellonte (1896-1984), sur l'avion Point d'Interrogation, réussissent la traversée de l'Atlantique.

1931

Exposition coloniale à Paris.

Les cannes blanches deviennent le symbole des aveugles.

PAUL DOUMER (1857-1932), 1 an de présidence, assassiné par le russe Gorgouloff (1895-1932).

1932

Accords de Lausanne : fin des réparations de guerre.

ALBERT LEBRUN (1871-1950), 8 ans de présidence, démissionne en 1940.

1933

Hitler (1889-1945) devient chancelier d'Allemagne.

1er tirage de la Loterie nationale : 5 millions de francs gagnés par un coiffeur de Tarascon.

PÉRIODE DE CRISES
1933-1939

1934

Affaire A. Staviski (1886-1934) : bons émis par le Crédit de Bayonne sur des bijoux volés et faux. Gros scandale, des parlementaires sont impliqués. L'affaire a des répercussions jusqu'en 1936.

Assassinat à Marseille d'Alexandre Ier Karageorgevitch (1888-1934), roi de Yougoslavie, et de Barthou (1862-1934), ministre des Affaires étrangères, par des terroristes Croates.

Agitation ouvrière, gouvernement d'Union nationale.

En Tunisie Habib ibn Ali Bourguiba (né en 1903) fonde le Néo-Destour, parti anticolonialiste.

1935

La Sarre redevient allemande.

Marasme économique, baisse des salaires.

Accords de Stresa : La France, l'Angleterre, l'Italie s'unissent pour limiter l'expansionnisme hitlérien.

1936

Pendant 13 mois, triomphe du Front populaire : communistes, socialistes, radicaux avec Léon Blum (1872-1950) à leur tête.

Accords de Matignon : réajustement des salaires, 15 jours de congés payés, semaine de 40 heures de travail.

Scolarité prolongée jusqu'à 14 ans.

1937

Nationalisation des chemins de fer : S.N.C.F.

Le 1er mai sera désormais chômé et payé.

Dévaluation de 30 % du Franc, l'état contrôle la Banque de France.

Dernière Exposition universelle à Paris.

1938

Démission de Léon Blum. Sa politique économique est jugée insuffisante. Série de grèves.

Gouvernement E. Daladier (1884-1970) puis celui de P. Reynaud (1878-1966).

2 dévaluations du Franc.

Accords de Munich signés par N. Chamberlain (1869-1940), E. Daladier, Hitler, Mussolini (1883-1945) : les Sudètes (Tchèques) doivent être intégrés à l'Allemagne : c'est l'Anschluss.

En mars 1938, Hitler envahit l'Autriche, l'horizon européen s'obscurcit.

1939

Réélection du président Lebrun.

Le Pacte d'Acier renforce l'axe Berlin-Rome signé en 1935 par l'Allemagne et l'Italie.

DEUXIÈME GUERRE MONDIALE
1939-1945

CAUSES :

— L'Allemagne veut sa revanche sur le Traité de Versailles.

— Idéologie raciale des Nazis allemands.

— Faiblesse des démocraties occidentales.

— Méfiance de l'U.R.S.S. face aux démocraties.

— Invasion de la Tchécoslovaquie le 15 mars et de la Pologne le 1er septembre par Hitler.

FORCES EN PRÉSENCE : 6 millions de soldats.

ALLIÉS : France, Angleterre.

ADVERSAIRES : Allemagne, Italie. Les Russes agissent pour leur compte.

1) GUERRE ÉCLAIR : 1939-1940. Drôle de guerre selon Dorgelès, guerre bidon selon les Anglais.

3 septembre : déclaration de la guerre. Invasion des Pays-Bas, de la Belgique, du Luxembourg et du Nord de la France.

1940

Attaque allemande en Norvège, les troupes franco-anglaises tentent de couper la « route du fer » à Narvik.

Campagne de France : échecs. Français et Anglais sont pris dans la « POCHE DE DUNKERQUE » en mai. Évacuation de 400 000 hommes de troupe vers l'Angleterre.

Le général Weygand (1867-1965) tente de redresser la situation.

L'Italie nous déclare la guerre.

13 juin : Après la bataille de la Somme, retraite générale. Paris est déclarée ville ouverte. Exode massif des civils vers le Sud.

Le gouvernement part pour Bordeaux.

17 juin : Armistice à RETHONDES. La France est coupée en deux par la ligne de démarcation.

18 juin : A la B.B.C., appel du général de Gaulle (1890-1970), « Nous avons perdu une bataille, pas la guerre. »

ÉTAT FRANÇAIS
1940-1945

1940

10 juillet : Le maréchal Pétain (1856-1951) devient chef de l'État français. La devise de la France est Travail, Famille, Patrie.

Le siège du gouvernement est à Vichy en zone libre.

Entrevue de Montoire : le gouvernement collaborera avec l'occupant.

1941

2) LA FRANCE OCCUPÉE. Résistance des Français.
Début du rationnement des denrées alimentaires.
L'amiral Darlan (1881-1942) rencontre Hitler à Berchtesgaden. Il fait des concessions aux Allemands.
L'Allemagne déclare la guerre à l'U.R.S.S. Nous créons la légion des volontaires français (L.V.F.) pour combattre les Russes.
Première idée du S.M.I.G. appliqué ultérieurement.

1942

Procès de Riom où sont jugés Blum, Daladier, Reynaud, Mandel (1885-1944), Gamelin (1842-1958), responsables de la défaite de 1940.
Organisation des réseaux de résistance avec P. Brossolette (1903-1944) au Nord et J. Moulin (1899-1943) au Sud. 1 % de la population est concerné.
Le groupe Normandie-Niemen est envoyé sur le front russe.
Le port de l'étoile jaune est obligatoire pour les Juifs.
Rafle du Vel d'Hiv : 13 000 Juifs arrêtés.
Occupation de la zone sud. L'amiral Laborde, sur l'ordre de Darlan, saborde à Toulon 60 navires de la flotte française.
OPÉRATION TORCH : débarquement anglo-américain en Afrique du Nord.
Assassinat de Darlan.

1943

Institution du S.T.O. : Service du travail obligatoire pour hommes et femmes de 18 à 35 ans. Les rebelles gagnent le maquis. La Résistance s'organise dans les Alpes, le Massif central, le Jura, la Bretagne.
Création du comité français de libération nationale (C.F.N.L.) avec de Gaulle et Giraud à Alger.
Affaire du Dr Petiot (1893-1946). Il a tué au moins 27 Juifs cherchant à fuir.
Avec 100 kg de farine les boulangers doivent livrer 134 kg de pain.
Une milice ou police de collaboration est créée par Darnand (1897-1945), ministre de l'Intérieur.

1944

Création des F.F.I ou forces françaises de l'intérieur et des F.T.P. ou francs-tireurs partisans.

Les Allemands lancent les premiers V_1 et V_2.

6 juin : Débarquement allié (France-Angleterre-U.S.A. Canada) sur 5 plages en Normandie. C'est l'opération Overlord dirigée par le général Eisenhower (1890-1969). 21 000 soldats engagés.

Massacres à Oradour-sur-Glane en Haute-Vienne, dans le Vercors et à Tulle.

15 août : Débarquement franco-américain en Provence avec le général Delattre-de-Tassigny (1889-1952).

25 août : Libération de Paris par le général Leclerc (1902-1947).

GOUVERNEMENT PROVISOIRE
1944-1947

1944

Gouvernement assuré par Charles de Gaulle.
Libération de Strasbourg par Leclerc.
Épuration visant les collaborateurs (4 000 exécutions).

1945

Premier vote des femmes aux élections municipales.
Avance des Alliés vers l'Allemagne. Alliés et Russes prennent les Allemands dans un étau.
Du 21 avril au 2 mai : Bataille de Berlin. Suicide d'Hitler.
7 mai : Capitulation allemande à Reims.
Pas de paix signée à cause des antagonismes occidentaux et communistes.
4 novembre : *Conférence de Yalta* entre W. Churchill (1874-1969), Th. Roosevelt (1882-1945), J. Staline (1879-1953). L'Allemagne est partagée en quatre zones d'occupation.
Procès de Ph. Pétain, condamné à mort, grâcié par de Gaulle, il finit reclus à l'île d'Yeu. On compte aussi 767 exécutions dont celles de Laval et Darnand.
Nationalisation des Usines Renault (R.N.U.R.). Naissance de la 4 CV.
Création de la Sécurité sociale.
Échange des billets de banque, dévaluation.
Guerre en Indochine contre Hô Chi Minh (1890-1969).

1946

Référendum sur la Constitution. Trois partis à l'Assemblée : le M.R.P. avec de Gaulle, la S.F.I.O. avec Blum, les communistes avec M. Thorez (1900-1964).

Démission de de Gaulle remplacé par Félix Gouin (1884-1977) puis G. Bidault (1899-1983).

Nationalisation de l'E.D.F. et de onze compagnies d'assurances.

Fermeture des maisons closes par la loi Marthe Richard, née en 1889.

Loi sur les dommages de guerre et sur l'assurance vieillesse.

Premier numéro du journal sportif *l'Équipe.*

LA IVᵉ RÉPUBLIQUE
1947-1958

(2 présidents)

Vincent Auriol (1884-1966), sept ans de présidence.
Gouvernement P. Ramadier (1888-1961). Conflits sociaux, grèves.

1948

Dévaluation du franc qui passe de 3,372 mg à 2,545 mg.
Instabilité ministérielle.

Plan Marshall : des crédits américains sont accordés pour le redressement de l'Europe.

Traité de Bruxelles, entente entre la Belgique, le Luxembourg, les Pays Bas (Bénélux), la France et l'Angleterre.

Première pile atomique française baptisée Zoé.

1949

Pacte de l'Atlantique entre douze pays de l'Ouest à Washington.

Première session du Conseil de l'Europe à Strasbourg.

Fin du rationnement pour le pain et l'essence.

Mort du boxeur Marcel Cerdan (1916-1949) dans un accident d'avion.

1950

Création de la C.E.E. (commission européenne de l'énergie) par Robert Schumann (1886-1963).
Premier chemin de fer électrique entre Paris et Lyon.

1951

Création de la C.E.C.A. (Communauté européenne du Charbon et de l'Acier). Six pays : Bénélux, France, Italie, Allemagne fédérale.

1952

Emprunt Pinay émis par A. Pinay, né en 1891, à 3,5 % indexé sur l'or.
Création du S.M.I.G. (Salaire minimum interprofessionnel garanti).
Inauguration du barrage hydroélectrique sur le Rhône à Donzère-Mondragon.

1953

Crise ministérielle de quarante jours.
RENÉ COTY (1882-1962), cinq ans de présidence.
Plan de construction des H.L.M. (habitations à loyer modéré).

1954

Défaite de DIÊN BIÊN PHU en Indochine, cinquante-sept jours de siège. Les territoires, au-delà du 17ᵉ parallèle seront sous le contrôle de Hô Chi Minh (1890-1969), ceux du sud sous la dictature de Diem (1901-1963).
PREMIÈRES INSURRECTIONS EN ALGÉRIE. Jacques Soustelle, né en 1912, devient gouverneur en Algérie.

1955

Premier vol de l'avion Caravelle. Record de vitesse sur rail (331 km/h) avec la locomotive électrique CC7107.

1956

Trois semaines de congés payés. Création du Fonds national Vieillesse financé par ce qui est encore aujourd'hui la vignette auto : une idée du ministre P. Ramadier (1888-1961).
Première production d'électricité nucléaire à Marcoule.
En Algérie, enlèvement du chef Ben Barka, né en 1918.
BATAILLE D'ALGER menée par le général Massu (né en 1908). Elle a duré six mois.
Indépendance de la Tunisie et du Maroc.

1957

Loi cadre (ensemble de projets relatifs à un sujet spécifique). Cette année-là : semi-autonomie de huit républiques d'A.O.F. et de quatre en A.E.F. (Afriques occidentale et équatoriale françaises).

Traité de Rome sur la C.E.E. (Communauté européenne de l'Énergie) et sur l'Euratom.

1958

Le gouvernement démissionne. De Gaulle rappelé, présente une nouvelle constitution adoptée à 80 % de suffrages.

NAISSANCE DE LA Ve RÉPUBLIQUE
1958...

1958

Charles de Gaulle (1890-1970), dix ans de présidence. Dévaluation de 17,5 % de la monnaie.

1959

Autodétermination pour l'Algérie.
La scolarité est prolongée jusqu'à seize ans.
Première bombe atomique française au Sahara à Reggane.
Inauguration du pont de Tancarville sur la Seine.

1960

1er janvier, début des nouveaux francs ou francs lourds sur l'initiative de A. Pinay, ministre des Finances.
Semaine des barricades à Alger après le départ de Massu.

1961

Référendum d'autodétermination pour l'Algérie. Échec du putsch des généraux Challe (1905-1979), Zeller (1898-1979), Jouhaud, né en 1905 et Salan (1899-1984). Ils seront condamnés à des peines diverses. L'O.A.S. (Organisation de l'Armée secrète) fomente de nombreux attentats dont l'un des cinq contre de Gaulle, à Pont-sur-Seine (Ain).

1962

Cesser-le-feu en Algérie. *Accords d'Évian :* l'Algérie indépendante.

Désormais le Président de la République sera élu au suffrage universel.

1963

La Régie Renault accorde quatre semaines de congés payés.

Réglementation du droit de grève dans les services publics : obligation d'un préavis de cinq jours.

Valéry Giscard d'Estaing, ministre des Finances, établit un plan de stabilisation.

Création du F.N.E. ou Fonds national de l'Emploi pour les chômeurs.

1964

Découpage de la Seine et Seine-et-Oise en sept nouveaux départements. Création de vingt et une régions économiques et de l'O.R.T.F. (Office de Radio-Télévision française).

J. Moulin, le résistant, est transporté au Panthéon.

1965

RÉÉLECTION DU GÉNÉRAL DE GAULLE à la présidence.

Service militaire réduit à dix-huit mois.

Inauguration du tunnel sous le mont Blanc.

Le premier satellite français A_1 (fusée Diamant), est lancé au Sahara.

1966

F. Mitterrand, premier président du Comité exécutif de la Fédération de la gauche.

Inauguration de l'usine marée motrice sur la Rance (Bretagne).

1967

Trois ordonnances sur la participation des salariés aux fruits de l'expansion.

Loi Newirth, la vente des contraceptifs est autorisée.

Voyage de de Gaulle au Canada : « Vive le Québec libre ».

Au recensement : 50 millions d'habitants.

1968

MAI : MANIFESTATIONS à Nanterre, à la Sorbonne, barricades au Quartier latin. Les meneurs en sont D. Cohn Bendit et A. Geismar, nés en 1945.

Lycéens, étudiants, ouvriers, même combat contre métro, dodo, boulot. Il est interdit d'interdire.

La grève s'étend à six millions de travailleurs. Le ministre G. Pompidou négocie.

Accords de Grenelle avec les syndicats.

Loi d'orientation sur l'enseignement supérieur : autonomie, participation proposée par Edgar Faure (1908-1988).

Crise monétaire, institution du contrôle des changes pour limiter la sortie des devises.

Inaugurations du complexe pétrolier de Fos-sur-Mer et des Halles de Rungis.

1969

De Gaulle démissionne après le référendum sur la régionalisation et la réforme du Sénat.

Intérim d'Alain Poher, né en 1909.

La S.F.I.O. devient le P.S. au Congrès d'Issy-les-Moulineaux.

GEORGES POMPIDOU (1911-1974), six ans de présidence.

Premiers cosmonautes américains sur la lune.

12 % de dévaluation du franc, mesures de redressement financier.

1970

Mensualisation chez Renault.

Lois anticasseurs, antidrogue et sur les libertés individuelles.

Le S.M.I.G. passe à 3,50 F l'heure.

1971

Loi sur la formation permanente dans les entreprises.

Série de grèves dans les transports et la police. 500 000 chômeurs.

Création du Conseil de la Recherche scientifique et de l'Environnement.

1972

Programme commun parti socialiste, parti communiste et radicaux de gauche.

Préretraite pour les chômeurs de plus de soixante ans.

Élargissement du Marché commun à la Grèce, à l'Irlande et au Danemark : Europe des Neuf.

Mise en service du R.E.R. (métro régional express) Auber-Saint-Germain, ligne A.

Nomination du premier médiateur A. Pinay.

1973

Premier choc pétrolier. Graves conséquences sur l'économie.

Élections législatives, montée de la gauche.

Loi M. Debré (né en 1912) restreignant le sursis au service militaire pour les étudiants.

Loi sur la garantie aux travailleurs licenciés. Fin du contrôle des changes.

Loi Royer (né en 1920) sur le commerce et l'artisanat pour réduire l'essor des grandes surfaces. Aménagement de la taxation.

Loi modifiant le barème de l'impôt sur le revenu.

Premier festival du film fantastique à Avoriaz.

1974

VALÉRY GISCARD D'ESTAING (V.G.E.), né en 1926, sept ans de présidence. Premier ministre, J. Chirac, né en 1932 puis R. Barre, né en 1924.

Le droit de vote est désormais fixé à dix-huit ans.

Augmentation des salaires, des retraites, des allocations chômage.

Le S.M.I.G. passe à 7,56 F mais aussi augmentation du coût de la vie.

Dévaluation de 4 %.

Dissolution des mouvements autonomistes en Corse et en Bretagne.

Inaugurations de l'aéroport Roissy-Charles de Gaulle et du Palais des Congrès à la Porte Maillot.

Nomination de F. Giroud, née en 1916, à la direction du Secrétariat à la condition féminine.

1975

Après la prise de Saigon par les communistes, afflux de réfugiés vietnamiens.

On dépasse le million de chômeurs.

Au recensement : 32 748 000 habitants pour 36 994 communes.

Crise économique : inflation de 15 %. Le franc entre dans le serpent monétaire.

Première visite du Président de la République en Algérie depuis l'Indépendance.

Première réunion des pays industrialisés : U.S.A., France, Allemagne, Italie, Angleterre, Canada, Japon.

Loi sur I.V.G. (interruption volontaire de grossesse). Libéralisation du divorce.

1976

Plan d'austérité de R. Barre, Premier ministre, ministre de l'Économie et des Finances. Freinage des revenus, blocage des tarifs et loi sur les plus-values.

Un impôt sécheresse pour indemniser dix départements sinistrés.

1977

ÉLECTION DE J. CHIRAC À LA MAIRIE DE PARIS.

Loi sur la retraite des femmes à soixante ans.

Loi instituant le bilan social dans l'entreprise.

Désunion de la gauche.

Adoption de l'heure d'été par mesure d'économie.

Inauguration du centre Pompidou à Beaubourg.

Premier vol du Concorde, avion franco-anglais.

Dernier voyage du train l'Orient Express (Paris-Istanbul).

1978

Loi A. Monory (né en 1923) : l'achat d'actions jusqu'à 5 000 F, permet leur déduction des impôts.

Décret d'application sur l'orientation des handicapés.

La Sécurité sociale reconnaît le concubinage.

Marée noire en Bretagne provoquée par le pétrolier Amoco Cadiz.

L'ayatollah Khomeini, mort en 1989, s'installe en France.

1979

Élections au suffrage universel au Parlement européen à Strasbourg. Présidente : S. Weil (née en 1927).

Convention nationale de la sidérurgie pour diminuer les suppressions d'emploi. 1,5 million de chômeurs.

Chasse au « gaspi ».

Vente du paquebot France, construit en 1968, rebaptisé Norway. Il navigue dans les Caraïbes.

Émeutes en Corse et en Bretagne.

1980

Première femme élue à l'Académie française, M. Yourcenar (1903-1989).

Jean-Paul II (né en 1920) vient en France. Première visite d'un pape depuis 1805.

Dépôt de bilan de Manufrance à Saint-Étienne.

1981

La Grèce entre dans le Marché commun.

FRANÇOIS MITTERRAND (né en 1916), un septennat, réélu

en 1988. Premier ministre, P. Mauroy (né en 1928).
Dissolution de l'Assemblée.
Baisse de 20 % sur les valeurs boursières.
Victoire socialiste aux élections législatives.
La loi d'amnistie libère 6 200 détenus. Abolition de la peine de mort.
300 000 immigrés clandestins peuvent régulariser leur situation.
Plus de 2 millions de chômeurs.
Nationalisation de Rhône-Poulenc, Saint-Gobain, Usinor, Socilor et de trente-six banques dont Suez et Paribas.
Emprunt d'État à 16,75 %. Impôt sur les grandes fortunes, 1 % de contribution solidarité prélevé sur les salaires.
Première dévaluation du franc du septennat.
Inauguration du T.G.V. (train à grande vitesse) Paris-Lyon.

1982

Loi d'amnistie pour les faits relatifs à la guerre d'Algérie.
Loi Auroux (né en 1942) : « les salariés sont citoyens dans l'entreprise ».
Loi de décentralisation pour les départements d'outremer.
La loi R. Quilliot (né en 1925) bloque le prix des loyers.
Manifestations des P.M.E. (petites, moyennes entreprises) des professions libérales, des professions de la santé, des artisans et commerçants.
Sommet des pays industrialisés à Versailles.
Création du livret rose pour favoriser l'épargne populaire.
Deuxième dévaluation de 5,75 %. Lancement de deux emprunts.
La durée du travail hebdomadaire est fixée à 39 heures.
Cinquième semaine de congés payés accordée aux travailleurs.
Naissance du premier bébé éprouvette : Amandine.
Recensement : 54 200 000 habitants.
Sept ordonnances relatives à la retraite, au temps de travail, à la formation professionnelle sont promulguées.
Loi sur l'audiovisuel : neuf membres forment la Haute Autorité.
Nombreux attentats terroristes à Paris.

1983

Échec de la relance éconoique de P. Mauroy. Troisième dévaluation de 2,5 %.

J. Chirac réélu maire de Paris. Victoire de l'opposition. Manifestation pacifiste antinucléaire sur le plateau du Larzac.

Loi A. Peyrefitte (né en 1925) sur sécurité-libertés.

Laurent Fignon (né en 1960) gagne son premier tour de France.

1984

Démission de P. Mauroy remplacé par L. Fabius (né en 1946). P. Bérégovoy (né en 1925) devient ministre des Finances.

Mesures pour l'emploi et la création d'entreprises, plan de restructuration des charbonnages, plan de l'acier.

La loi A. Savary (né en 1918) pour supprimer l'enseignement libre déclenche une manifestation de masse. Retrait de la loi.

Création des T.U.C. (travaux d'utilité collective) pour les jeunes sans emploi. 2,5 millions de chômeurs.

Baisse du pouvoir d'achat malgré le relèvement du S.M.I.G. de 6,9 %, l'augmentation de l'allocation vieillesse et des allocations familiales.

Inauguration du Palais des Sports à Bercy. 6 jours cyclistes.

1er tour de France féminin remporté par Marianne Martin.

Début de la chaîne privée payante Canal Plus.

1985

Attentats terroristes dans les grands magasins à Paris.

Réduction des remboursements de la Sécurité sociale.

Le Rainbow Warrior, navire du mouvement pacifiste Green Peace, coulé dans le port d'Auckland en Nouvelle-Zélande.

Au recensement : 55 061 000 d'habitants.

Terrible vague de froid : 145 morts.

Le test du sida (syndrome immuno-déficitaire acquis) est obligatoire pour les donneurs de sang.

1986

Ministère J. Chirac : cohabitation, un président de gauche et une assemblée de droite.

Nombreux attentats à Paris malgré la loi antiterrorisme.

Dévaluation du franc pour favoriser l'entrée de capitaux étrangers.

Entrée de l'Espagne et du Portugal dans le Marché commun : Europe des Douze.

Loi supprimant l'autorisation préalable de licenciement. Les chômeurs augmentent annuellement de 5,5 %. Aide aux nouveaux pauvres.

Participation des salariés à l'entreprise.

La commission nationale de la communication et des libertés (C.N.C.L.) remplace la Haute Autorité.

Création de la 5e chaîne de télévision franco-italienne Seydoux (né en 1935) et Berlusconi.

A. Devaquet (né en 1942) tente de rendre les universités autonomes.

Inaugurations du musée d'Orsay (art du 19e siècle), de la Cité des Sciences à la Villette et du Forum des Halles.

1987

Privatisations de Paribas, du Crédit commercial de France, de la Société générale et de la Compagnie d'électricité.

Le krach de Wall Street aux U.S.A. a pour conséquence une baisse de 26 % sur la Bourse en France.

Création du P.I.L. (programme d'insertion locale) pour les chômeurs de longue durée.

Agitations dans les prisons, loi sur la construction de nouveaux établissements pénitenciaires.

Série de lois sur l'indemnisation aux rapatriés, sur l'autorité parentale, l'apprentissage, le mécénat.

Le tortionnaire nazi Klaus Barbie (né en 1913) est jugé à Lyon.

Début des travaux du tunnel sous la Manche. Coût 50 milliards de francs, financé par 200 banques. Ouverture prévue pour 1993.

La chaîne de télévision TF1, achetée par F. Bouygues, numéro un des bâtiments publics.

1988

Février :

Loi sur le plafonnement des dépenses électorales et sur le financement des partis.

Mai :

Réélection de François Mitterrand à la présidence. Michel Rocard (né en 1930) devient 1er ministre.

Remboursement de l'emprunt Giscard émis en 1973 à 7 %.

Laurent Fabius (né en 1946) devient président de l'Assemblée.

Création de la F.F.R.S. (Fédération française de recherche du sida) par le professeur Montagnier (né en 1932).
Commercialisation de la pillule abortive RU 486.
Juillet :
Création du R.M.I. (Revenu minimum d'insertion).
Le C.S.A. (Conseil supérieur de l'audiovisuel) remplace le C.N.C.L.
Début de la construction de la cathédrale d'Évry par Marco Botta.
Octobre :
Inauguration de la pyramide de verre dans la cour du Louvre commencée en 1981 par l'architecte Ieoh Ming Pei.
Le café Fouquet's menacé de devenir fast food est classé monument historique.
Inondations catastrophiques à Nîmes.
Création du permis à points et contrôle technique des véhicules de plus de 5 ans.
Novembre :
Plan de rigueur instauré par M. Rocard.
Jean Monnet (1888-1977), père de l'Europe, entre au Panthéon.
Décembre :
2e femme à l'Académie française, Jacqueline de Romilly (née en 1913).
Levée de l'embargo pétrolier contre l'Iran en vigueur depuis 1987.

1989
Janvier :
Mort du peintre surréaliste Salvador Dali (1904-1989).
Réformes scolaires de L. Jospin : nouveau découpage de l'année scolaire, diminution du nombre des examens (aujourd'hui 650).
Constat d'illettrisme : 6 millions de Français sont concernés.
10 % de la population active au chômage. Manque de main-d'œuvre qualifiée. Nouvelle forme d'emploi avec les intérimaires et les contrats à terme.
Février :
Importantes grèves en Corse pour obtenir des subventions.
Mars :
Hausse des loyers limitée à 8 %.

Projet de la T.G.B. : très grande bibliothèque à Bercy sur 7 ha par l'architecte D. Perrault (né en 1953). Fin des travaux en 1995.

Le T.G.V. Paris-Lyon transporte 50 000 personnes par jour.

Avril :

Les rénovateurs M. Noir, D. Baudis, Fr. Léotard, font éclater l'U.D.F. (Union de la Démocratie française).

La vue d'Amsterdam, tableau de Cl. Monet vendu à Drouot, 12 102 711 F.

Mai :

Assassinat en Nouvelle-Calédonie du leader F.L.N.K.S., J.M. Tjibaou, remplacé par Fr. Burck (né en 1939).

L'usine UP$_3$ de la Hague, lancée en 1981 pour le traitement des déchets nucléaires, n'est pas encore en service.

Juin :

Suppression du certificat d'études primaires créé en 1882.

13 juillet :

Le P.E.P. (Plan épargne populaire) remplace le P.E.R. (Plan épargne retraite) soit une épargne sur 10 ans exonérée d'impôts à concurrence de 240 000 à 600 000 F.

Juillet :

Inauguration de l'Opéra Bastille, commencé en 1982, conçu par l'architecte Carlos Ott (né en 1947).

Pacte de l'Arche entre les pays industrialisés, à la Défense, pour diminuer la dette des pays pauvres.

14 juillet :

Fêtes du Bicentenaire de la Révolution française avec l'Opéra ballet la Marseillaise, imaginé par le publiciste J.-P. Goude (né en 1941).

LES RÉPUBLIQUES

Ire République : 22 sept. 1792 au 15 août 1804
  Pas de président.

2e République : 24 févr. 1848 au 2 déc. 1852
  1 président : Louis Napoléon Bonaparte.

3e République : de 1871 à 1940
  14 présidents.

  Adolphe Thiers 1871-1873
  Maréchal Patrice de Mac Mahon 1873-1879
  Jules Grévy 1879-1887
  Sadi Carnot 1887-1894
  Jean Casimir Périer 1894-1895
  Félix Faure 1895-1899
  Emile Loubet 1899-1906
  Armand Fallières 1906-1913
  Raymond Poincaré 1913-1920
  Paul Deschanel 28 février au 22 septembre 1920
  Alexandre Millerand 1920-1924
  Gaston Doumergue 1924-1931
  Paul Doumer 1931-1932
  Albert Lebrun 1932-1940

Etat Français de Vichy : 1940-1944
  Philippe Pétain.

4e République : 1947-1954
  2 présidents.

  Vincent Auriol 1947-1954.
  René Coty 1954-1958.

5e République : depuis 1958
  4 présidents à ce jour.

  Général Charles de Gaulle 1958-1969.
  Georges Pompidou 1969-1974
  Valéry Giscard d'Estaing 1974-1981.
  François Mitterrand depuis 1981.

INDEX DES CONFLITS

M

Magenta bataille 1858
Malplaquet bataille 1708
Marignan bataille 1515
Marne bataille 1914-1918

N

Nancy bataille 1478

P

Paris siège 1871
Patay bataille 1428
Pavie bataille 1525
Picardie bataille 1918
Poitiers batailles 732-1356
Pologne guerre 1733-1738
Portugal guerre 1807
Première Guerre mondiale 1914-1918

R

Reichshoffen bataille 1870
Religion guerres 1560-1598
Révolution 1789-1794
Révocation de l'édit de Nantes 1686
Russie campagne 1812

S

Saigon bataille 1975

Saint-Barthélemy massacre 1572
Sébastopol bataille 1870
Sedan bataille 1870
Sept Ans guerre 1756-1763
Soissons bataille 486
Solférino bataille 1863
Steinkerque bataille 1692

T

Tolbiac bataille 496
Torch opération 1942
Trafalgar bataille 1805
Tranchées guerre 1914
Trente Ans guerre 1635-1648
Trois Glorieuses révolution 1830

V

Valmy bataille 1793
Vendée guerre 1793-1795
Verdun bataille 1916-1917
Villaviciosa bataille 1710
Voie Sacrée 1916
Vouillé bataille 507

W

Wagram bataille 1809
Waterloo bataille 1815

Y

Ypres bataille 1914-1915

INDEX DES TRAITÉS

INDEX DES PERSONNAGES

Chamberlain 1938
Championnet, 1799
Champlain, 1525
Chanzy, 1870
Chappe, 1793
Charcot Jean-Baptiste, 1904
Charette, 1795
Charibert, 558
Charlemagne, 768-771-774-800-805-814
Charles III, 877-882-893-922-936
Charles IV, 1322-1328
Charles V, 1337-1349-1358-1364-1380
Charles VI, 1337-1380-1385-1389-1392-1420-1422
Charles VI d'Allemagne, 1740
Charles VII, 1337-1420-1422-1437-1438-1453-1461
Charles VIII, 1483-1491-1494-1498-1499
Charles IX, 1560-1567-1574
Charles X, 1824-1830
Charles le Chauve, 814-843-877
Charles le Gros, 884
Charles le Mauvais, 1350-1358
Charles le Simple, 893-922-936
Charles le Téméraire, 1461-1472-1478
Charles Martel, 714-730-747
Charles Quint, 1519-1520-1525-1526-1551-1556
Châtillon (duc de), 1560
Childebert, 493-511
Childebert III, 695-711
Childeric, 447-480
Childeric II, 657-715
Childeric III, 752
Chilpéric, 558-568-613
Chilpéric II, 715-752
Chirac, 1974-1977-1983-1986
Choiseul, 1762-1770
Churchill, 1945
Cinq-Mars, 1642
Claude, 27
Clemenceau, 1906-1917
Clément, 1589
Clément V, 1305
Clément VII, 1378
Cléodobald, 524
Clodion, 430-447
Clodomir, 493-511-524
Clotaire I, 493-511-558
Clotaire II, 613-629

Clotaire III, 657
Clotaire IV, 717
Clotilde, 493
Clovis, 447-480-493
Clovis II, 639-657
Clovis III, 691
Cohn Bendit, 1968
Colbert, 1662-1669-1683
Coli, 1927
Coligny, 1572
Combes, 1902
Concini, 1610-1617-1648-1649
Condamine (La), 1735
Condé, 1568-1658
Constance, 418
Constance Chlore, 298
Constantin, 306
Comtesse de Ségur, 1812
Corday, 1793
Costes, 1930
Coty, 1953
Coysevox, 1678
Cugnot, 1771
Curé d'Ars, 1818

D

Dagobert, 543-629-636-639-676
Dagobert II, 676-679
Dagobert III, 711-720
Daguerre, 1838
Daladier, 1938-1942
Dali, 1989
Damiens, 1757
Danton, 1794
Darlan, 1941-1942
Darnand, 1943-1945
Debré, 1973
De Gaulle, 1940-1943-1944-1945-1946-1958-1961-1965-1967-1969
De Lattre, 1944
Delescluze, 1871
Delessert, 1818
Denfert-Rochereau, 1870
Deschanel, 1920
Desgranges, 1903
Desmoulins, 1794
Devaquet, 1986
Diderot, 1751
Didier, 774
Diem, 1954
Dioclétien, 286
Dorgelès, 1916-1939

Doumer, 1931
Doumergue, 1924
Dreyfus, 1894-1898-1899
Dubois (cardinal), 1715
Du Deffant, 1730
Duguesclin, 1337-1364
Duguay Trouin, 1692
Dunant, 1859
Dupleix, 1755
Duruy, 1863

E

Eblé, 1812
Ebroïn, 657-679
Edouard II d'Angleterre, 1297
Edouard III d'Angleterre, 1328-1346
Eiffel, 1889
Eisenhower, 1944
Eléonor, 1525
Eléonor d'Aquitaine, 1137-1152-1180
Eloi (saint), 629
Enghien (duc d'), 1648-1804
Etienne II, 752
Etienne Marcel, 1358
Eudes, 888-923
Eugène de Beauharnais, 1809
Eugène de Savoie, 1701
Eugénie de Montijo, 1853-1870

F

Fabius, 1984-1988
Fabre d'Eglantine, 1793
Faidherbe, 1870
Fallières, 1906
Falloux, 1850
Faure Edgar, 1968
Faure Félix, 1895-1899
Ferdinand le catholique, 1508
Ferry, 1881
Fieschi, 1835
Fleury (cardinal), 1726
Foch, 1917
Fouquet, 1662-1680
François Ier, 1515-1525-1526-1536-1542-1547
François II, 1559-1560
François II d'Autriche, 1805-1815

François Ferdinand, 1914
Frédégonde, 568-613
Frédéric-Guillaume III, 1815

G

Gabriel, 1754
Galigaï, 1610-1617
Gallieni, 1914
Gamelin, 1942
Gambetta, 1870
Garin, 1903
Gaston d'Orléans, 1632-1642-1652
Geissmar, 1968
Germain, 1863
Giraud, 1943
Giroud, 1974
Giscard d'Estaing, 1963-1974-1988
Godefroy de Bouillon, 1095
Goncourt, 1902
Gonthaire, 524
Gontran, 558
Goude, 1989
Gouin, 1946
Gorgouloff, 1931
Grévy, 1879-1885-1887
Guillaume II, 1918
Guillaume III d'Angleterre et des Pays-Bas, 1688
Guillaume le Conquérant, 911-1031-1066-1096
Guillotin, 1791
Guise, 1560-1562-1575-1576-1585-1588
Gutenberg, 1470
Guizot, 1830-1848

H

Hadrien, 27-160
Haig, 1915
Haussmann, 1853
Hebert, 1794
Henri Ier, 1031-1060
Henri Ier d'Angleterre, 1108
Henri II, 1547-1559-1560-1574
Henri III, 1573-1574-1576-1578-1584-1585-1588-1589-1600
Henri III d'Angleterre, 1259
Henri IV, 1568-1577-1580-1584-1585-1589-1593-1595-1600-1610

Henri V d'Angleterre, 1420
Henri VIII d'Angleterre, 1520
Hitler, 1933-1938-1939-1941-1945
Hoche, 1795
Hô Chi Minh, 1945-1954
Hohenzollern, 1870
Hortense de Beauharnais, 1809
Hugo, 1852-1885
Hugues le Grand, 923-936-954-956-987
Humbert II, 1349

I

Innocent III, 1209
Irénée, 170
Isabeau de Bavière, 1385-1420
Isabelle, 1297

J

Jacques II d'Angleterre, 1688
Jacques Cœur, 1448
Jacques de Molay, 1314
Jansénius, 1640
Jaurès, 1905-1914
Jean Le Bon, 1337-1350-1356-1361-1364
Jeanne d'Arc, 1337-1428-1429-1431-1920
Jeanne Hachette, 1472
Jean-Paul II, 1980
Jean sans Peur, 1407-1416-1418
Jean sans Terre, 1180-1200
Jérôme Bonaparte, 1807
Joffre, 1914-1915
Joseph Bonaparte, 1806-1808
Joséphine, 1809
Jospin, 1989
Jouhaud, 1961
Jourdan, 1795-1798
Jules II, 1508
Julien l'Apostat, 361
Junot, 1807

K

Kitchener, 1898
Kléber, 1799
Khomeini, 1978-1979

L

Laborde, 1942
La Fayette, 1777-1789
Landru, 1921
La Palice, 1501
La Rochejaquelein, 1793
Laval, 1945
Law, 1716-1720
Lebrun, 1789-1932-1939
Leclerc, 1944
Ledoux, 1784
Léon III, 800
Léonard de Vinci, 1516
Léopold Hohenzollern, 1870
Léotard, 1989
Leroy, 1874
Lesseps, 1869-1880
Leszczynska, 1725
Leszczynski, 1733-1738-1766
Létitia Bonaparte, 1804
Liautey, 1912
Lorraine (cardinal de), 1576
Loubet, 1899
Loucheur, 1906
Lothaire Ier, 814-840-843-954-986
Louis Ier, 805-814-840-843
Louis II, 877-893
Louis III, 877-879
Louis IV, 936-954
Louis V, 986
Louis VI, 1108-1137
Louis VII, 1137-1152-1180
Louis VIII, 1223-1226
Louis IX, 1226-1236-1250-1252-1270-1327-1589
Louis X, 1314
Louis XI, 1461-1463-1465-1468-1472-1478-1483
Louis XII, 1484-1498-1505-1508-1515
Louis XIII, 1614-1615-1643-1661
Louis XIV, 1660-1661-1683-1684-1688-1701-1715-1723
Louis XV, 1723-1725-1733-1745-1748-1754-1757-1766-1774
Louis XVI, 1774-1775-1793-1815-1830
Louis XVII, 1795
Louis XVIII, 1815
Louis Bonaparte, 1806
Louis le Germanique, 814-884
Louis Napoléon Bonaparte, 1836-1840-1846-1848-1851-1852

Louis d'Orléans, 1484
Louis Philippe, 1830-1835-1843-1848
Louise Michel, 1871-1880
Louvel, 1820
Louvois, 1666-1680
Lumière (frères), 1896
Luther, 1517-1538
Luynes, 1621
Lyautey, 1912

M

Mac-Mahon, 1855-1870-1871-1873-1879
Maginot, 1930
Maintenon, 1684
Malborough, 1701
Mandel, 1942
Mansard J.H., 1678
Marat, 1793
Marchand, 1898
Marguerite de Valois, 1600
Marie-Antoinette, 1774-1793
Marie-Louise, 1810
Marie Stuart, 1559
Marie-Thérèse d'Autriche, 1660-1740
Marshall, 1948
Martignac, 1828
Martin (Saint), 306
Masque de Fer, 1703
Masséna, 1807
Massu, 1956-1960
Maupéou, 1770
Mauroy, 1981-1983-1984
Maximilien d'Autriche, 1508-1864
Mayenne (duc de), 1588-1589-1595
Mazarin, 1643-1652-1653-1661
Médicis Catherine, 1547-1560
Médicis Marie, 1600-1610
Méliès, 1896
Mermoz, 1930
Mérovée, 447-451
Michel de L'Hospital, 1561
Millerand, 1920
Mirabeau, 1789-1791
Mitterrand, 1966-1981-1988
Molière, 1664
Monet Claude, 1874-1989
Monnet Jean, 1988
Monory, 1978
Montagnier, 1988

Montcalm, 1759
Montespan, 1670-1676
Montpensier, 1652
Moreau, 1795
Morny, 1851
Moulin, 1942-1964
Murat, 1809
Mussolini, 1938

N

Naquet, 1884
Napoléon Iᵉʳ, 1804-1805-1806-1807-1808-1809-1810-1814-1815-1848
Napoléon III, 1852-1858-1863-1870
Navarre (voir Henri IV)
Necker, 1778
Nelson, 1798-1805
Neuwirth, 1967
Ney, 1815
Noir, 1989
Nungesser, 1927

O

Orléans (Louis d'), 1484
Orléans (duc d'), 1389-1407
Ormesson (d'), 1778
Orsini, 1858
Orry, 1738
Ott, 1989
Ouen (Saint), 629

P

Paccard, 1786
Paoli, 1766
Pasteur, 1885
Pei, 1988
Pépin, 788-805
Pépin d'Héristal, 687-714
Pépin de Landen, 615-687
Pépin le Bref, 741-747-752-768
Péreire, 1837
Périer, 1894
Perrault, 1989
Pershing, 1917

Pétain, 1916-1940-1945
Petiot, 1943
Peyrefitte, 1983
Philippe Ier, 1060-1108
Philippe II d'Espagne, 1556
Philippe IV d'Espagne, 1667
Philippe V, 1316-1710
Philippe VI, 1328-1337-1346-1350
Philippe d'Anjou, 1701-1710
Philippe Auguste, 1180-1189-1223
Philippe Égalité, 1773-1830
Philippe le Bel, 1285-1297-1314-1316-1322-1328-1350
Philippe le Hardi, 1270-1285-1361
Philippe de Navarre, 1328
Philippe d'Orléans, 1360-1715
Pie VII, 1804-1812
Pierre l'Ermite, 1095
Pinay, 1952-1960-1972
Plantagenet Henri, 1152
Poher, 1969
Poincaré, 1913-1927
Pompadour, 1745
Pompidou, 1968-1969-1977
Poubelle, 1884
Prince Impérial, 1853
Prince Noir, 1356-1362
Princip, 1914

Q

Quillot, 1982

R

Raham Ibn Abdullah, 732
Ramadier, 1946-1956
Rémi (saint), 496
Reynaud, 1938-1942
Richard Cœur de Lion, 1180-1189
Richard Marthe, 1946
Richelieu, 1624
Robert II, 996-1031
Robert le Fort, 847-888
Robespierre, 1794
Rocard, 1988
Rochefoucauld (La), 1818
Roi de Rome, 1798-1811
Rois Fainéants, 639
Roland, 778
Rollon, 911

Romilly, 1988
Roosevelt, 1945
Rothschild, 1837
Rouget de l'Isle, 1792
Rostopchine, 1812
Royer, 1973

S

Sadi-Carnot, 1887-1894
Saint Louis, 1226-1236-1250-1252-1270-1327
Salan, 1961
Sarrien, 1906
Savary, 1984
Savorgan de Brazza, 1904
Schumann, 1950
Schweitzer, 1904
Sée, 1880
Seydoux, 1986
Sigebert, 558-568
Sigebert II, 639
Simon de Monfort, 1209
Soliman le Magnifique, 1536
Sorel, 1422
Soufflot, 1764
Soult, 1807
Soustelle, 1954
Staline, 1945
Staviski, 1934
Stofflet, 1795
Suger, 1108
Sully, 1601-1610
Surcouf, 1692
Syagrius, 486

T

Tallien, 1794
Templiers (Les), 1118-1307-1312-1314
Théodobald, 524
Théodoric, 451
Théodose, 391
Théophraste Renaudot, 1631
Thérèse (Sainte), 1897
Thierry Ier, 493-511
Thierry III, 657-675-691-695
Thierry IV, 720
Thiers, 1860-1870-1871-1873
Thorez, 1946

TABLE DES MATIÈRES

CARTES

TABLEAUX

BIBLIOGRAPHIE

— *Histoire de France* en 30 volumes sous la direction de Julien Cain, Ed. Dumoncel.
— *Encyclopédie d'histoire*, Mourre, Ed. Bordas.
— *Précis d'histoire de France*, Dujarrie, Ed. Albin Michel.
— *Encyclopédie dates et événements*, Ed. Lacourtille.
— *Histoire de France par l'image* (3 volumes), J. Boudet Ed. Bordas.
— *Journal historique de la France*, Yves Billard, Ed. Hatier.
— *Le livre de l'histoire de France*, J.-L. Besson, Ed. Gallimard.

Achevé d'imprimer le 15 mars 1990
dans les ateliers de Normandie Impression S.A.
à Alençon (Orne)
N° d'imprimeur : 892311
Dépôt légal : mars 1990
Imprimé en France